Edmund Pfleiderer

Zur Frage der Kausalität

Eine erkenntnistheoretische Untersuchung

Edmund Pfleiderer

Zur Frage der Kausalität
Eine erkenntnistheoretische Untersuchung

ISBN/EAN: 9783743613140

Hergestellt in Europa, USA, Kanada, Australien, Japan

Cover: Foto ©Thomas Meinert / pixelio.de

Manufactured and distributed by brebook publishing software (www.brebook.com)

Edmund Pfleiderer

Zur Frage der Kausalität

ZUR FRAGE DER KAUSALITÄT.

EINE ERKENNTNISTHEORETISCHE UNTERSUCHUNG

VON

EDMUND PFLEIDERER.

Wenn irgend etwas das bezeichnende Monogramm des Menschen, dieser „problematischen Natur" genannt zu werden verdient, so ist es das Fragzeichen. Und zwar nicht bloss in dem objektiven Sinn, dass wir ohne Zweifel das merkwürdigste und rätselhafteste Wesen in der gegebenen Welt sind, über dessen Woher und Wohin schon jenes Zeichen grossgeschrieben wenngleich dunkel hängt, sondern weiterhin auch in der subjektiven Wendung, dass unser ganzes vernünftiges Leben und Regen im Grossen und Kleinen sich fort und fort in der bewussten Ausübung des Fragens bewegt. Man hat schon im Altertum das Denken nicht übel als ein stilles Sprechen gefasst. Noch genauer lässt sich sagen, dass es das beständige Wechselspiel eben von Fragen und Antworten sei, zuerst verborgen im Inneren des Subjekts, dann aber auch laut im dialogisch-dialektischen Verkehr von Mensch und Mensch, ohne was wir uns gar kein nennenswert entwickeltes Vernunftleben vorstellen können.

Die wichtigste und einschneidendste unter allen Fragen nun, ich möchte sagen die Frage κατ' ἐξοχήν, ist diejenige nach dem Warum. Denn das Titanische im vernunftbegabten Menschen ist nicht zufrieden mit der bloss gegebenen Thatsächlichkeit irgend welcher Art oder mit dem nackten ὅτι, sondern streckt und dehnt sich nach einer Höhe über der Ebene der vorliegenden Wirklichkeit oder sucht und gräbt nach einer Tiefe, auf der jene selbst ruht; kurz sie trachtet schliesslich nach dem διότι als Anhalt oder womöglich Ur-Halt für alles zunächst einfach Daseiende, um es als zu Recht bestehend anerkennen zu dürfen. Auf diesen Zug nach mehr als der Ebene deutet SCHOPENHAUER's kräftiges Oxymoron, wenn er einmal den Menschen ein animal metaphysicum nennt. Eben deshalb bildet das hierauf gerichtete Warum so recht eigentlich die nie ruhende Begleitung des Menschen beinahe von der Wiege bis zum Grabe. Wer kennt es nicht, das Spiel der so früh erwachenden kindlichen Neugier, jenes leiterartig aufsteigende, fast unersättliche: warum — warum — warum? Darin kündigt sich das erste

Drängen und Treiben der erwachenden Vernunft an und ist als solches zu ehren, wenn es auch den Erwachsenen oft förmlich zur Plage wird, da sie dem ungezügelten Strom des Fragens mehr antworten sollten, als sie vielfach können oder dürfen. Zugleich ist bezeichnend, dass es, ob auch der Form nach nur kindliche Neugier, doch in seinem Wesen als ein ganz reiner und lediglich theoretischer, in diesem Sinn uninteressierter Vernunfttrieb erscheint, der sich hier regt um des Wissens willen oder um den theoretischen Hunger der Seele zu stillen. Praktische Zwecke, wie sie das spätere Denken in der Richtung des Warum so mannigfach leiten, fehlen vorerst noch ganz. Kommen dann auch noch diese mit ihrer drängenden Gewalt dazu, so versteht es sich von selbst, dass vollends das Leben des Erwachsenen ganz und gar unter diesem Zeichen steht, mit dem schon das Kind spielend begonnen, um es später als Mann zum Gegenstand des ernstesten Arbeitens und Bohrens, Ringens und Bemühens zu machen und mit ihm in seinem weiter und weiter fortreissenden Zug selbst da kaum aufhören zu können, wo die Vernunft selbst ein non plus ultra gesetzt hat. „Felix qui potuit rerum cognoscere causas" — treffend bezeichnet damit der römische Lehrdichter als das grosse Ziel des menschlichen und insbesondere wissenschaftlichen Lebens und Strebens die Beantwortung des Warum.

Ehe wir uns jedoch dem „rerum cognoscere causas" oder der eigentlichen Frage der Kausalität zuwenden, müssen wir zum Eingang die zwei Hauptbedeutungen unterscheiden, welche das Warum laut den bekannten Lehren der Logik hat. Fürs Erste fragt es nach dem sogenannten Erkenntnisgrund, der ratio cognoscendi, oder zur Vermeidung von Verwechselungen, die hier so leidig häufig sind, noch schärfer gesagt: nach der ratio judicandi. Wird nämlich irgend eine Aussage gemacht oder ein Urteil gefällt, so handelt es sich darum, nun auch die Berechtigung zur Fällung eines solchen anzugeben, damit es nicht bloss als ein Gerede ins Blaue hinein erscheine. Diese Berechtigung aber besteht in dem Aufweis eines anderen, bereits gesicherten oder unmittelbar gewissen Urteils, mit dem das fragliche in innerer Verbindung steht, von dem es abhängt, kurz, zu dem als Grund es die notwendige Folge bildet.

Grund und Folge! Es scheint überflüssig, über diese Bezeichnungen und Begriffe auch nur ein Wort weiter zu verlieren. Sind sie doch Jedem gäng und gäbe, in Denken und Sprechen innigst vertraut und gewohnt, so recht eigentlich als die Atemzüge der Vernunft Allen selbstverständlich. Und dennoch möchte ich wegen ihrer grossen Tragweite für alles Spätere einen Augenblick bei ihnen stehen bleiben.

Denn LOTZE macht einmal in der Logik S. 87 die etwas ironische Bemerkung: „Das unendlich oft erwähnte Gesetz des zureichenden Grunds — wie seit der nicht ganz glücklichen Aufstellung dieses „Denkgesetzes" durch LEIBNIZ die Sache mit dem Kunstausdruck heisst — hat das wunderliche Schicksal gehabt, auch von denen, die sich am häufigsten auf es beriefen, eigentlich niemals formulirt zu werden". Das ist ohne Zweifel richtig, trifft aber so viel ich sehe genau genommen auch wieder auf LOTZE selbst zu, der mir den hochbedeutsamen Gegenstand gleichfalls nicht eingehend und erschöpfend genug zu behandeln scheint oder dies wenigstens nicht in Einem geschlossenen Zusammenhang thut, sondern wie Andere das Hiehergehörige an mancherlei Orten und in verschiedenen Zusammenhängen beibringt. Und dies ist, obwohl vielleicht ein formeller Fehler, so doch inhaltlich aus der Natur des fraglichen Punkts leicht erklärlich.

Offenbar handelt es sich nämlich dabei gar nicht um einen einzelnen „Satz", der kurz und knapp formulirt werden könnte, etwa wie das Gesetz des Widerspruchs und des ausgeschlossenen Dritten. Sonst wäre er auch sicherlich schon lange, wäre schon von dem Vater der Logik in dieser Weise formulirt worden. Denn Aristoteles kennt und nennt ja gewiss seine Anwendung im Fall des Schliessens, stellt ihn aber wie ich glaube mit Recht doch nicht so ausdrücklich als ein Denkgesetz auf, wie die βεβαιοτάτη πασῶν ἀρχῶν, eben den Satz des Widerspruchs. Darin liegt wohl das richtige Gefühl, dass das Vernunftverhältnis Grund — Folge wiegesagt kein einzelner Grundsatz sei, als was es in der üblichen logischen Tetralogie der Denkgesetze erscheint, geschweige denn eine blosse pädagogische Anweisung, beim Urteilen nicht ins Blaue hinein zu schwatzen und zu faseln. Denn diese Anweisung, der wir übrigens wahrlich nicht zu nahe treten wollen, hat selbst ihr vernünftiges Recht ihrerseits nur durch die viel wichtigere Voraussetzung von allgemeiner Art, auf die sie sich selber gründet. Es ist dies kurz gesagt die leitende und massgebende Generalüberzeugung betreffend die Vernunftkonstitution und das Wesen der Wahrheit als solches.

Zwei innerlich zusammengehörige Züge charakterisiren dieselbe. Der eine heisst objektivsachliche Notwendigkeit, klar und bestimmt verschieden von jeder nur psychologischen oder assoziationsmässigen Nötigung, die allem Irrtum ebenso eignet, wie dem Wahren oder Logischen, weshalb denn auch der blosse Nachweis der Genesis einer Annahme noch lange nicht über ihren Wert entscheidet, wie man namentlich wieder heutzutag gleich den Zeiten LOCKES in Ueberschätzung des Psychologischen gar zu gerne glaubt. Der andere Zug ist die überpersönliche ohne Ansehen der Person, der Zeit und des Orts bestehende Allgemeingültigkeit der Wahrheit, die nicht mit dem Tag und der Mode wechselt. Letzterem gibt das richtig vorstaudene Identitätsgesetz Ausdruck, worüber später noch genauer. Dem ersten Zug aber will eben der „Satz" vom Grund gerecht werden. „Grund" ist ein bildlicher Ausdruck aus dem Gebiet der dinghaften Mechanik, dem ja das ganze Symbolisirungssystem unserer Sprache seine wurzelhafte Entstehung verdankt. Gemeint aber ist mit dem „Grundhaben" im Unterschied vom „haltlos" in der Luft hängen jene unbedingte logische Gültigkeit, das „Feststehen" oder Gelten ohne „Wanken und Schwanken", die „unerschütterliche" Sicherheit oder die Unmöglichkeit, den rocher de bronze wirklicher Wahrheit irgend noch vernünftiger Weise anzufechten. Diesen Vorzug besitzt das Wahre entweder in der Form der Selbstevidenz, der in sich lichten Vernunftklarheit (vgl. SPINOZA'S Wort Eth. II, prop. 43 schol.: Sicut lux se ipsam et tenebras manifestat, sic veritas norma sui et falsi est, und Ep. 74: Est enim verum index sui et falsi). Oder aber kommt ihm, dem Wahren, derselbe Vorzug zu durch Anlehnung an solche selbstleuchtende Punkte oder Belehnung von ihrer Seite, wie in unserem Weltsystem Sonnen und Trabanten jene mit eigenem, diese mit rechtmässig zugeteiltem fremden Lichte leuchten. Jene Anlehnung und Belehnung im Reich der Gedanken ist der allbekannte Generalprozess des Denkens, die schliessende Vermittlung; daher hier, insbesondere beim hypothetischen Schluss des Wenn — So der Gedanke des Grunds als Satz vom Grund seine spezielle Anwendung findet und von jeher am greifbarsten heraustrat.

Wir sind das Schliessen oder also jenes Entlehnen von Gedankenlicht wieder so durch und durch gewöhnt, wir leben und weben so ganz in diesem „grossen Geschäft unseres Lebens", wie STUART MILL es gut nennt, dass es uns vollkommen selbstverständlich und keiner weiteren Aufmerksamkeit nach rückwärts mehr würdig scheint. Selbstverständlich ist es nun allerdings in dem Sinn, dass wir für die zwingende Kraft des Schlusses keinen weiteren Grund mehr angeben können, aber es auch nicht brauchen. Warum der Schlusssatz gilt, wenn die richtigen Praemissen gegeben sind, das ist eine sich selbst überfliegende, müssige nicht bloss, sondern thörichte Frage eines öden Skeptizismus, für dessen verbohrten Eigensinn das Licht nicht Licht, das Selbstevidente, innerlichvernünftig Durchsichtige noch nicht durchsichtig genug ist.

Dagegen verdient allerdings die Urthatsache jener Möglichkeit des Schliessens selbst, jenes Anlehnenkönnen von Fraglichem an Gewisses, jenes Stützen eines

Satzes durch feste andere unsere bewundernde Aufmerksamkeit. Denn sie offenbart uns als Ur- und Grundgesetz der Vernunftwelt die durchgängige Bezogenheit der Gedankenmomente auf einander, ihr ausnahmsloses Füreinander- und innerliches Miteinandersein, die Abhängigkeit der Einen von den Anderen, ihr Zusammengehören und nicht bloss Zusammensein. Damit bildet die Vernunftwelt des Denkbaren eben eine Welt, einen κόσμος in jenem schon pythagoreischen qualitativgehobenen Sinn des Worts, ein System und kein Chaos von erratischen Blöcken in beziehungsloser, gegeneinander gleichgiltiger Vereinzelung. Das beste Beispiel dafür gibt die Zwillingsschwester der abstrakteren Logik, nämlich die Mathematik, wo von jedem Punkt zu jedem rationelle Wege führen.

Wesentlich dasselbe meint auch die, z. B. von KANT und Andern häufig, aber nur oft zu schlechthin und summarisch gebrauchte Formel „Einheit des Selbstbewusstseins". Sie bedeutet nicht oder wenigstens nicht zuerst das empirischindividuelle Selbstbewusstsein, sondern das Wesen und Leben der Vernunft als solcher, ein „Bewusstsein überhaupt", den λόγος und nicht schon die einzelnen λογικοί. Und jene „Einheit" desselben ist Formel eben für die obige „κόσμος Natur" oder dafür, dass zwar ein Vieles da ist, sonst wäre es keine „Welt" mehr, sondern ein zusammengeschrumpftes eleatisches Eins. Aber dies Viele ist kein Aggregat, bildet keine Anarchie, sondern ist stramm beherrscht von der Einheit. Auch das andere berühmte Wort KANTS ist als ziemlich das Gleiche besagend hieher zu ziehen, das Wort von dem „höchsten Punkt, an dem Alles hängt", nämlich von der ursprünglichsynthetischen Einheit der Apperception, welche dem Philosophen für seine ganze Lehre von den Kategorien und den Grundsätzen des reinen Verstands den wahrhaft massgebenden mächtigen Hintergrund bildet. Dieselbe scheint, freilich dunkel genug, später bei ihm noch einmal wiederzukehren, wenn er in der transcendentalen Dialektik bei der genau betrachtet nicht mehr erwarteten abermaligen Deduktion des Gottesbegriffs von einem „prototypon transcendentale" redet und sagt, es werde durch den Grundsatz der durchgängigen Bestimmung jedes Ding auf ein gemeinschaftliches Korrelatum, nämlich die gesamte Möglichkeit bezogen, welche, wenn sie in der Idee eines einzelnen Dings, d. h. eben Gottes, angetroffen würde, eine Affinität alles Möglichen durch die Identität des Grunds der durchgängigen Bestimmung desselben beweisen würde, Kr. d. r. V. Ausg. HARTENSTEIN II, 443 Anm. Ich möchte dies den rein logischen Gottesbegriff KANTS nennen, welcher mit dem Gedanken einer Welt des Denkbaren oder der Vernunftwelt als solcher zusammenfällt. —

Aus dem Altertum endlich darf daran erinnert werden, dass schon dem PLATO trotz aller nicht wegzudentenden antikhellenischen Plastik und Hypostasierung der Ideo bei seiner Schauung der wohlgeordneten Ideenwelt mit ihrer durchgängigen κοινωνία γενῶν eine derartige hohe und bleibende Wahrheit wenigstens vorschwebte, während Aristoteles von derselben General- und Grundansicht bei seiner Bemühung um die Syllogistik und Apodeiktik auf Grund der ἀπλᾶ und πρῶτα geleitet war.

Dies und nicht weniger scheint mir in der That der wahre und Vollgehalt des Satzes oder also besser der umfassenden Ueberzeugung vom „Grund" zu sein, indem sich damit das scheinbar, aber eigentlich nur durch tausendfache Gewohnheit so einfache logische Warum (bezw. das Wenn — So des Schlusses) genau zugesehen zu einer ganzen logischen Weltanschauung ausweitet, die natürlich nicht mehr in einer kurzen Formel erschöpft werden konnte oder kann, wie die Geschichte der Logik zeigt.

Von dieser etwas länger geratenen Ausführung über das logische Warum, deren Berechtigung aber aus allem Folgenden erhellen wird, wende ich mich zur zweiten, dem Menschen von Haus aus eigentlich näher liegenden Bedeutung des Warum, mit Beziehung auf welche ihn LICHTENBERG einmal in seiner drastischen Weise das „Ursachentier" heisst. Ich kann es kurz die aetio- bezw. teleologische Bedeutung nennen. Denn hier wird gefragt nach dem Sachgrund, der causa (bezw. dem finis), genauer nach der causa essendi oder noch besser fiendi. Man will jetzt nicht für ein Urteil als Urteil, das heisst als logische Funktion die Beglaubigung oder den Berechtigungsgrund hören, sondern für den in einem Urteil behaupteten Inhalt (ein Geschehen oder Sein) die bewirkende Ursache oder in anderen Fällen für ein Handeln den bestimmenden Zweck erfahren. Für das letztere als eine Unterart des sachlichinhaltlichen Warum mag es in diesem Zusammenhang mit der blossen einreihenden Erwähnung genug sein. Ebenso verweise ich hier nur kurz auf die bekannte Lehre der Logik in ihrem anwendenden Teil, dass mannigfach Erkenntnisgrund oder ratio und Seinsgrund oder causa auch zusammentreffen, ohne dass sie deshalb aufhören würden, zweierlei Gesichtspunkte vorzustellen.

Unseren eigentlichen Gegenstand, an dem wir weiterzumachen haben, bildet nun eben die Frage der Kausalität, nicht sowohl die der Konditionalität, um es kurz so zu formulieren, also die Frage nach dem Zusammenhang von Wirkungen, nicht nach dem von bloss gedankenmässigen Bedingungen. Wir werden zwar beide zuletzt in sehr nahe Beziehung bringen, wie wir sogleich voraussagen wollen und bereits eigentlich durch die eingehende Behandlung der logischen Frage des „Grunds" als unseres späteren Hauptlösungsmittels andeuteten. Aber dennoch werden wir sie auch dann nicht für dasselbe erklären, sondern fortwährend nur ein enges Verhältnis, sagen wir einmal der Analogie zwischen beiden behaupten, bei dem der Unterschied des sequi und consequi (oder fieri) inallweg noch gewahrt ist, also das logische Bedingungsverhältnis sich zwar als Musterbild, aber doch nicht als volles Ebenbild der Kausalität ergiebt. Bleiben wir also namentlich vorerst ganz bei der letzteren, so lässt sie selbst sich wieder in wesentlich doppelter Weise behandeln, was gleich an der Schwelle zu beachten von Wert ist, da sonst die grosse, so Vieles in sich befassende Weitfaltigkeit dieses Begriffs gar leicht zu störender Verwirrung führt. Fürs Erste kann man den Hauptnachdruck auf die metaphysische Seite der Sache, mit anderen Worten auf die nähere inhaltliche Art legen, wie der sog. Wirkungszusammenhang zu denken sei. Hier kämen aus der langen geschichtlichen Verhandlung des Problems die verschiedenen Theorien in Betracht, welche von dem bohrenden Denken und Grübeln der Menschheit schon versucht wurden, der alte und allezeit volkstümliche influxus physicus, die ausweichenden Hypothesen des Okkasionalismus und einer irgendwie praestabilierten Harmonie, der Gedanke eines sympathischen Rapports der Dinge vermöge ihrer Befassung in einer tragenden All-Einheit, und andere Versuche mehr. Ausserdem würde es sich bei dieser Behandlung der Frage natürlich darum handeln, den urwüchsigen Gedanken, richtiger die summarische Vorstellung von Ursache und Wirkung logisch feiner zu bearbeiten, zu praezisieren und zu schärfen. Es wäre zu unterscheiden zwischen causa transiens oder Wirken zwischen einem und einem andern Ding, und causa immanens als gesetzmässiger Entwicklung der verschiedenen Zustände Eines Wesens auseinander. Es wäre die hochwichtige, namentlich in der Anwendung eine solche Rolle spielende Pluralität zu bedenken, in welche sich genau besehen der harmlose Singular Ursache auflöst, sobald man der Sache inhaltlich näher tritt. Man hätte zu unterscheiden zwischen wirkenden Sachen und Bedingungen verschiedenen Grads für das Wirken. Es gälte zu achten auf das Zeit- und Massverhältnis bei Letzterem, auf den Unterschied wirklicher und nur phänomenaler Dinge und dgl. mehr.

Ohne allen Zweifel sind diese Grundzüge des inhaltlichen Wie der Kausalität vom höchsten Interesse und bilden eine wichtige Aufgabe der Metaphysik oder besonders auch Naturphilosophie. Dennoch wollen wir sie diesmal im Wesentlichen bei Seite lassen, soweit sich wenigstens nicht das Inhaltliche mit der Frage der Form doch ab und zu wieder einigermassen verschlingt. Denn auf die Letztere ist unser Hauptabsehen gerichtet, oder deutlicher gesprochen ist es statt der metaphysischen vielmehr die logisch-erkenntnistheoretische Seite des Problems, der wir nachgehen wollen, nachdem in klassischer Art HUME überwiegend negativ und KANT positiv diese Bahn betreten haben, während z. B. bei DESCARTES und seinen Nachfolgern, bei SPINOZA und LEIBNIZ die metaphysische Seite im Vordergrund gestanden war. Streng genommen ist die Beschäftigung mit der Letzteren eigentlich immer schon ein zweiter Schritt, somit ein gewisses ὕστερον πρότερον; denn irgend eine, nur näher zu bestimmende Kausalität steht hier den Suchenden zum Voraus fest. Die logisch-erkenntnistheoretische Auffassung dagegen ist die prinzipiellere und geht noch einen bedeutsamen Schritt weiter zurück; sie beschäftigt sich mit der fundamentalen Frage des berechtigten Dass eines solchen Gedankens wie Kausalzusammenhang überhaupt, nicht bloss mit der Erhärtung des näheren Wie.

Freilich erhebt sich hiegegen ein in der That sehr naheliegender Einwand, nämlich kurzgesagt der, dass eine solche Untersuchung heutigen Tags denn doch mehr als entbehrlich sei, weil sie sich mit einem längst Abgemachten und Erledigten zwecklos von Neuem bemühe. Ich gebe dies bis zu einem gewissen Grad ohne weiteres zu. Das zwar ist, wie wir im Verlauf mehrfach sehen werden, doch nicht richtig, was vielfach namentlich gegenwärtig wieder eine zu grosse Verehrung unseres inallweg gross bleibenden KANT meint und auch ich früher bei meiner Monographie über den scharfsinnigen DAVID HUME noch so ziemlich glaubte, das ist nicht richtig, dass schon jener mit seinem tiefgründigen Bohren die Sache vollständig ins Reine gebracht und die von HUME bedrohte Kausalität für immer unanfechtbar gerettet habe. Wohl aber dürfte dies von den trefflichen neueren Logiken oder Erkenntnistheorien z. B. eines LOTZE oder SIGWART gelten, Werken, die auf richtige Weise in KANTS Bahnen weitermachen und sein geistvolles Apriori nicht gesonnen sind, mit der Mode des Tages an Empirismus und Positivismus auszuliefern. An sie schliesse ich mich gerne und dankbar an. Denn wo das Richtige gefunden ist, wäre es lächerlich, bloss um der Neuerung willen Schiefes an seine Stelle zu setzen.

Nur soviel möchte ich neben überwiegender Zustimmung im Kern der Sache, selbst gegenüber von solchen heutigen Darstellungen meinerseits ergänzend leisten, dass einmal auch wieder die erkenntnistheoretische Seite des Problems für sich und thunlichst getrennt von der metaphysischen behandelt wird. Meist findet sich Beides wohl über das Mass, das in der Natur der Sache selbst liegt, ineinandergeschlungen und zusammen behandelt, wodurch die ganze Untersuchung zwar erschöpfender und insofern den strengen Anforderungen der Vollwissenschaftlichkeit gerechter wird, dafür aber an Durchsichtigkeit etwas verliert. Namentlich die grundlegende erkenntnistheoretische Hälfte der Frage ist hiebei in der naheliegenden Gefahr, von der Überfülle der oben genannten materialen Einzelfragen zur Kausalität überwachsen zu werden. Das Richtige zu jener, wenn es auch thatsächlich meist da ist, tritt wenigstens nicht eindrucksvoll genug für sich heraus, so dass sich also eine derartige Sonderbehandlung immerhin verlohnt.

Eine solche ist dann auch in der Lage, auf ihrem von Anfang an enger abgesteckten Gebiet da und dort mehr ins Einzelne einzugehen oder den Übelstand zu vermeiden, welcher bei uns an KANTS Sprache und Manier gewöhnten deutschen Philosophen selbst heute noch nachwirkt: ich meine das zuweilen etwas gar zu summarische Aufführen von gewissen Hauptbegriffen und Gedankenwendungen, das Operiren mit ihnen sozusagen en bloc, wie dies eben KANT, der Bergmann von so vielem ungemünztem Edelmetall zweifellos oft thut, indem er durch die wuchtige Wahrheit eines Gedankens nach rückwärts sich nun auch von der Pflicht einiger näheren Ein-, Aus- und Durchführung desselben nach vorwärts entbunden glaubt. In diesem Sinn bin ich gleich an der Schwelle dem Gedanken des „Grunds" oder der „Einheit des Selbstbewusstseins" thunlichst eingehend nahegetreten, statt mich zu rasch mit der Formel als solcher zufrieden zu geben. Ebenso werde ich mich im Verlauf bemühen, bei der logischen Bildung und Rechtfertigung des Kausalgedankens möglichst den einzelnen Schritten und Etappen zu folgen und die umlaufenden Formeln zu handlicherer Verständlichkeit auszumünzen.

Hievon abgesehen wäre es schliesslich auch kein Unglück, wenn bereits gesicherte Wahrheiten eindrücklich sogar wiederholt würden. ZELLER führt in seinen Vorträgen und Abhandlungen II, 490 eben zur Erkenntnistheorie das Wort des geistvollen italienischen Staatsmanns an, der verlangt, dass die Staaten von Zeit zu Zeit auf ihr Prinzip zurückgeführt werden. Und was von den Staaten gelte, fügt ZELLER hinzu, gelte von jedem geschichtlichen Ganzen, also auch vom Gesamtleben der Wissenschaft. So meine ich es hier von der abermaligen Vornahme einer grundlegenden und unwillkürlich in gar Manches hinübergreifenden Prinzipienfrage des Denkens und Forschens. Werden doch zumal in unseren

Tagen nicht minder die alten Irrtümer von Neuem und mit eigentümlich neologischer Zuversichtlichkeit wiederholt, als wären sie noch nie widerlegt worden. Nicht bloss die Anfänge der neueren Philosophie mit ihren Zangengeburten von Kausalbegriff, sondern selbst das ferne Altertum des Agrigentiners EMPEDOKLES mit seinem Satz von der Wirkung des Gleichen nur auf das Gleiche scheinen gerade in der Kausalfrage heute wieder aufzuleben, wenn auch die Gewandung empiristisch oder positivistisch modernisiert ist. Allerdings betreffen diese weitverbreiteten Ansichten und Erscheinungen unmittelbar mehr jene erste, von uns zurückgestellte metaphysische oder naturwissenschaftliche Seite an der Kausalität; LOTZE bereits nennt dieselben etwas drastisch und ironisch eine neu aufkommende gar zu zuversichtliche und tumultuarische Stegreifmetaphysik an Stelle der geschulten und disziplinirten. Trotzdem ist natürlich zwischen unserer erkenntnistheoretischen Seite der Kausalfrage und jener metaphysischen inallweg so viel Zusammenhang, dass für letztere auch aus jener schliesslich ein Gewinn zu ziehen ist. Ich meine die bedachte Zügelung gar zu kühner Flüge, die Mahnung zu massvoller Besonnenheit z. B. gegenüber von einem monistisch-naturalistischen Schwärmen in der Anwendung und Verwertung des Kausalgedankens. Dazu kann eben auch die erkenntnistheoretische Behandlung unseres Problems ihren Beitrag geben, wenn sie die wahre Heimat, Kraft und Tragweite des Kausalgedankens darlegt. Einige zeitgemässe Folgerungen daraus werde ich namentlich am Ende meiner Untersuchung wenigstens anstreifen, um sie ein anderes Mal mit besonderer Beziehung auf gewisse psychologische, aber auch ethische Streitpunkte genauer auszuführen.

Denn ich habe zum Abschluss dieser einleitenden Vorbemerkungen noch eine letzte saubere Einschränkung meines diesmaligen Themas anzubringen, nachdem ich zuerst nur das Metaphysische ausgeschieden habe. Jetzt handelt es sich noch um eine Unterscheidung innerhalb der erkenntnistheoretischen Untersuchung selbst. Eine solche hat jedenfalls zwei Stufen, welche zwar ohne Zweifel innerlich nahe zusammenhängen und erst miteinander die Frage vollständig erschöpfen, aber von denen doch die Eine grundlegende recht wohl ohne die andere vorgenommen werden kann. Jene bemüht sich um den Kausalgedanken als solchen, wie er schon natürlichpsychologisch an gewissen konkreten Hauptfällen des Lebens aufgeht. Diese aber fragt über derartige Fälle weit hinaus nach seinem Geltungsbereich, eventuell nach seiner Allgeltung in der Welt. Auf diese Ausdehnung, welche wir das generelle Kausalgesetz nennen wollen, werde ich eben zum Schluss einen, die Brennpunkte kurz skizzierenden Ausblick thun. Meinen Hauptgegenstand aber wird der Kausalgedanke im engeren Bezirk seiner natürlichen Entstehung und Anwendung bilden, wo er ohne zu peinliche Genauigkeit gleichfalls ein Gesetz, wenn auch zunächst ein solches mit Beschränkung auf eine spezielle Auslese genannt werden kann. Deutlicher gesagt wird es sich nämlich vor Allem um die Frage handeln: Wie kommen wir überhaupt dazu, wenn z. B. zwei Dinge, bezw. zwei Prozesse in immerhin eigentümlichem, aber doch zunächst nur äusserlichem Verhältnis zu einander gegeben sind, sie nicht bloss de facto, sondern, woran Alles hängt, de jure als in einem Kausalverhältnis von innerlich verknüpfender Art stehend anzusehen, d. h. diese Verknüpfung als eine notwendige, in der Natur der Sache selbst liegende zu betrachten, die ebendamit ein für alle Mal gilt und uns also den zuverlässigen Boden des Schliessens von Einem Fall auf einen gleichen (bezw. sehr ähnlichen) anderen und des Vorausberechnens der betreffenden Ereignisse abgiebt? Ich deute hiemit bereits auch an, dass ich zur thunlichsten Vermeidung der metaphysischen Schwierigkeiten und Weitläufigkeiten für meinen erkenntnistheoretischen Zweck mich an die natürlichen und ursprünglichsten Fälle des sog. Wirkens, also an das Verhältnis zwischen Ding und Ding oder wenigstens zwischen zweierlei Potenzen halte. Ohne Zweifel ist diese Form der sog. causa transiens die greifbarere, aber für den zusammenbringenwollenden Gedanken zugleich schwierigere, also entscheidendere verglichen mit der causa immanens oder der gesetzmässigen Entwicklung der Zustände Eines Wesens auseinander. LOTZE meint sogar, allerdings zunächst in metaphysischer Hinsicht, dass nur der erstere Fall eigentlich ein Problem bilde, während wir den zweiten unbeanstandet hinnehmen und hinnehmen müssen. Dies gilt nun freilich in erkenntnistheoretischer Hinsicht nicht ohne Weiteres; was aber darüber zu sagen ist, wird sich ohne viel Mühe dem Musterbeispiel der causa transiens anreihen und eingliedern lassen, indem das Problem des Dings Schwesterproblem zu dem der Kausalität ist. — Auch andere metaphysische Feinheiten darf ich für meinen Zweck bei Seite lassen, da es sich für das Motiv des Kausalgedankens wesentlich gleich bleibt, ob die wirkenden Momente in metaphysisch gröberer oder feinerer Weise genommen werden. Denn soweit darf man sie jedenfalls nicht sublimieren, dass schliesslich überhaupt kein Reales oder einfacher gesagt kein Ding irgend welcher Art mehr übrig bleibt; sonst verliert man hier wie in anderen Disziplinen durch eine doch wohl zu weitgehende Abneigung gegen alles auch nur entfernt Kernhafte den Boden unter den Füssen.

Von einem Problem bei unserem Gegenstand und sogar von einem ziemlich schwierigen zu reden, d. h. die Erfassung jedenfalls des Dass, der einfachen Thatsächlichkeit kausalnotwendiger Verbindungen in der Welt der Dinge um uns her und in unserem Wechselverkehr mit ihnen auch nur einen kurzen Augenblick in Frage zu stellen oder sich nach ausdrücklichen und umständlichen Rechtsgründen dafür umzusehen, das ist ohne Zweifel etwas, was dem natürlichen Bewusstsein, sagen wir offen von uns Allen, in hohem Grad widerstrebt. Hier soll ein Rätsel sein, das erst der Lösung bedürfte, eine Schwierigkeit und Dunkelheit, welche künstlich beseitigt werden müsste? Scheint nicht vielmehr das Rätsel erst künstlich gemacht zu werden und eine Spintisirerei des blossen Studierzimmers vorzustellen, die am hellen lichten Tag Gespenster sieht, weil sie sich fern vom Leben und der natürlichen Wirklichkeit in ihre übergrossen Feinheiten verbohrt? Gerade ebensogut könnte man am wolkenlosen Mittag die Sonne am Himmel anfechten oder sich in den grundlos öden Zweifel verlieren, ob man, während man so zweifelt und grübelt, eigentlich wache oder schlafe.

In der That sieht es auf den ersten Blick ganz so aus, als ob uns die betreffende Sache wirklich auf Schritt und Tritt in sonnenklarer Handgreiflichkeit und bündigster Selbstverständlichkeit entgegenträte und sich Jedem unwiderstehlich aufdränge. Das Wasser des Mühlbachs, vielleicht eine Weile gestaut, stürzt sich auf die Räder der Mühle, wenn die Stellfalle geöffnet wird, und reisst sie zum fortanigen Umschwung mit sich. Ein Steinblock am Berghang kommt ins Rollen, nachdem das Wasser seine Unterlage unterwaschen, und knickt in seinem Sturz die jungen im Weg stehenden Tännchen oder nimmt, wie die im Fall wachsende Lawine, andere Steine und Erde mit sich zur Tiefe. Er stürzt hier in ein stehendes Wasser, dass es, von ihm verdrängt, sich neuen Platz sucht und über seine Ufer tritt. Der zuckende Blitzstrahl fährt in ein Haus, aus dem ihm sofort die auflodernde Flamme, Feuer vom Feuer erzeugt, antwortet. Wer sieht hier nicht sofort, wie Eins das Andre nach sich zieht, wie Bewegung und Bewegung, Feuer und Feuer, Platzeroberung und Platzsuchen ganz selbstverständlich zusammengehören und das zweite Glied sich nach der gar nicht anders sein könnenden Natur der Sache mit dem ersten ergiebt, also in jedem halbwegs ähnlichen Fall notwendig wieder ebenso ergeben wird? Oder wie die naturwüchsige Metaphysik von uns Allen alsbald noch weiter sagt: Es liegt für jeden, der nur sehen will, auf der Hand, dass das Eine vom Andern gewirkt wird, dass wir im Ersten die Ursache, im Zweiten die Wirkung oder unmissverständlicher ausgedrückt den Erfolg zu sehen haben. Aber keineswegs bloss im Verkehr der Dinge unter einander, auf die unser Blick betrachtend gerichtet ist, tritt uns das angeblich erst mühsam zu Suchende sofort und aufs Eindringlichste entgegen. Wir haben es noch viel näher bei uns und können es hier jeden Augenblick erleben oder durch den Versuch sogleich bestätigen, wenn sich je vernünftiger Weise ein Zweifel zu regen vermöchte. Es fällt mir etwas auf den Boden, ich will es wieder haben, bücke mich darnach, strecke den Arm aus und hole es mir wieder. Oder gilt es eine schwere Last zu heben; ich strenge mich mit gespannter Muskelkraft an, dies zu vollbringen, und es gelingt mir nach Wunsch. Ich will eine Nuss verspeisen, lege sie zwischen die Hebelarme des Knackers, drücke gehörig und sie springt krachend auf, wie ich gewollt. Wer könnte bei all dem zweifeln, dass ich den entsprechenden Erfolg gewirkt, dass meine Gliedmassen unter der Herrschaft meines Willens stehen und dadurch mein Wirken auch auf die eigentliche Dingwelt gehorsam vermitteln? Ja, auch ohne das finde ich das Gleiche. Ich bin von langem Sitzen steif geworden, ich will wieder gelenkiger werden, will Muskeln und Blutlauf frischer machen. Ich strecke und dehne also Arme und Beine, und diese meine Diener folgen meinem Wunsch unweigerlich.

Endlich sei noch das Gegenbild unseres Wirkens auf die Dinge vermittelst der willfährigen Gliedmassen erwähnt, nämlich die Einwirkung der Dinge auf uns, deren einfache Thatsächlichkeit ebenso klar ist, wie alles Bisherige, und sich durch die Beziehung auf unser Wohl und Wehe um so eindringlicher macht. Ich steche mich mit einer Nadel, ich schneide mich mit einem Messer, dass das Blut nachläuft und sofort dieser Schädigung das Schmerzgefühl antwortet. Oder thue ich es nicht selbst, sondern irgend ein Ding, ein harter Körper, z. B. ein Stein trifft mich von ungefähr — wieder dasselbe selbstverständliche Echo eines grösseren oder geringeren, durch jenen Wurf bewirkten Schmerzes und zwar genau an der getroffenen Stelle, wo eine Beule sozusagen als Antwort und Gegenstück des aufgeschlagenhabenden Steins mich an dessen Missethat erinnert. Ich leide zweifellos eben durch das in meine Sphäre eingreifende oder eindringende Ding, wie in den vorigen Fällen umgekehrt mein Wirken oder Thun, d. h. mein Übergreifen in das Ding hinein unmittelbar vorlag, Beides aber, Thun und Leiden im eigenen Wechselverkehr der Dinge untereinander handgreiflich stattfand.

Doch genug der Beispiele aus dieser tausendfachen, alltäglichen und allstündlichen Lebenserfahrung eines Jeden! Dagegen möchte ich, um dies hier gelegentlich zu bemerken, die indifferenten, im ordnungsmässigen Fall sinnlich lust- und leidlosen „Eindrücke" der höheren Sinne, besonders des Augs im gegenwärtigen Zusammenhang nicht beigezogen wissen, wie z. B. SCHOPENHAUER unter dem Beifall Mancher es eben zur Kausalfrage thut. Er glaubt die Sache besonders prinzipiell anzufassen und den Kausalitätsgedanken auf Einen Schlag zu erhärten durch den ansich ja ganz richtigen, nur auf seinem subjektividealistischen Standpunkt eigentlich widerspruchsvollen Hinweis darauf, dass uns das ganze Bild der Aussenwelt, bezw. diese selbst nur auf dem Weg instinktiver Kausalschlüsse sich mache, somit die Kategorie der Kausalität als Weltschöpferin zum Voraus ausser allem Zweifel stehe. Von anderem abgesehen, worüber später, ist hiegegen für unseren jetzigen Zusammenhang, den Standort des populärnatürlichen Bewusstseins zu sagen, dass unbewusste Schlüsse eben unbewusste sind, sehr interessant für den späteren Forscher und seine analysirende Reflexion, aber nicht vorhanden für das unreflektirt natürliche Menschenkind. Diesem steht vielmehr die Aussenwelt auf Einen Schlag als grosse Urthatsache gegenüber, innerhalb der es fortan seine Betrachtungen anstellt oder Erlebnisse macht, aber hinter die zurückzugehen und ihrem kausalen Bewusstwerden nachzudenken es vorerst gar keine und meist Zeitlebens keine Veranlassung findet. Bleiben wir also ohne störend vorzeitige Hereinziehung von Künstlicherem bei jenen obigen, sattsam gehäuften Fällen der „Strasse" wenn man so will stehen. Aus ihnen schöpfen wir Alle von Haus aus nicht sowohl, sondern in ihnen schauen wir vielmehr unmittelbar und ohne uns irgend eines Schliessens bewusst zu sein, die Thatsache der kausalen Verknüpfung als eine in hundertfacher gleichmässiger Wiederholung uns umgebende. Sie und ihr Besitz, der völlig mit uns verwächst, ist selbst in den Zeiten einer sonst ungezügelten Phantasie und mythologischer Naturmetaphysik jedenfalls für die gewöhnlichen und gemeinen Dinge unseres praktischen Lebens und Bedürfens die selbstverständliche feste Basis gewesen und ist das vollends ganz und gar für die Menschheit, seit sie jene Kinderjahre hinter sich hat, ich meine die feste, zuverlässige, ein Auftreten und Aufassen ermöglichende Basis für alles Hantieren mit den Sachen als dem benutz- und berechenbaren Reich der Mittel unseres Lebens. Innere verlässliche Verknüpfung, eine in den Dingen und ihrem Verhalten selbst liegende und darum mit ihnen allezeit verbürgte sachliche Notwendigkeit scheint sich in allen den genannten Beispielen und der Masse ihrer ähnlichen Genossen einfach als zwingende Thatsache sei es des äusseren oder zugleich des inneren

Sinns zu ergeben, so rätselloa und skrupelfrei wie die eingliedrigen Urthatsachen, dass wir z. B. Alles räumlich schauen, dass wir das Gras grün, den Schnee weiss sehen und drgl. — lauter Punkte, an denen das natürliche Bewusstsein wenn überhaupt so jedenfalls sehr spät erst stutzig wird und am spätesten wohl eben an jenem so tiefgewurzelten harmlosen Kausalglauben, der für uns wie das tägliche Brot ist.

Wir sehen dies auf höchst interessante Weise in der Geschichte der neueren Philosophie, die nach den wenig besagenden Bemängelungen auch der Kausalität durch die alte griechische Skepsis metaphysisch und erkenntnistheoretisch recht eigentlich erst der Boden für die Behandlung unseres Problems ist. In jener nun vertritt sozusagen zum Thorschluss den oben geschilderten Standpunkt der naiven sensualistisch-empiristischen Harmlosigkeit oder wie ich mich deswegen oben ausdrückte den Standpunkt des unbefangenen Kausalglaubens kein Geringerer, als der Vater des philosophischen Kritizismus, LOCKE; denn so haben wir in geschichtlicher Gerechtigkeit diesen ehrlich soliden englischen Denker zu nennen, ohne deswegen der viel tiefer bohrenden Leistung seines Nachfolgers KANT irgend zu nahe zu treten. Die Stellung LOCKES nun zur Kausalfrage ist um so merkwürdiger, als derselbe Mann in seiner Art auf klassische Weise den doch so naheverwandten natürlichen, bezw. aristotelisch-scholastischen Dingbegriff zersetzt. Das Ding oder schulmässiger ausgedrückt die Substanz, noch besser und lebenswahrer gleich als Plural gesetzt die Substanzen sind ihm und seiner empirischkritischen Analyse keine Selbstrealitäten von geschlossener, in sich ruhender Gediegenheit mehr, sondern von unserem Bewusstsein gebildete Komplexe der allein wirklich gegebenen sei es primären oder sekundären Eigenschaften, mit denen und deren immer genauerer Erforschung wir uns bescheiden müssen. Wer ohne Not und wirkliche Berechtigung weiter als die gediegene Thatsächlichkeit haben will, dem kann man ja zu seiner unschuldigen Freude auch fernerhin einen Träger jener zusammenseienden Eigenschaften zugestehen, oder weil dieses Wort ja bereits nach dem Träger als Eigentümer schmeckt, sagen wir lieber einen Träger jener, für sich einem Jeden so wohlbekannten Qualitäten. Ernstlich schaden kann dies Zugeständnis an eine alte hartnäckige Gewohnheit des Denkens und Sprechens kaum, sobald man sich wenigstens unerbittlich klar macht, dass es ein substratum incognitum ist und in alle Ewigkeit bleibt, also schliesslich ein blosses Gedankenspielzeug, mit welchem im Ernst schlechterdings nichts angefangen werden kann. Und derselbe Mann, der hier auf so bedeutsamer kritischer Spur ist, macht vor dem Schwesterbegriff des Dings mit seinen Eigenschaften, vor dem Kausalbegriff halt, den er unter der Rubrik der „Relationen" behandelt, ein Beweis, dass der Letztere im natürlichen Bewusstsein noch zäher haftet als jener, wie er ja auch in der That seinem allgemeinen Gehalt nach der fundamentalere von beiden ist. LOCKE sagt nämlich kaum abweichend von obigem Populärbewusstsein wörtlich: „Um Ideen von Ursache und Wirkung zu haben, genügt es ins Auge zu fassen, dass irgend eine einfache Idee oder Substanz durch die Operation einer anderen Sache zu existieren anfängt, obgleich man die Art, wie diese Operation sich vollzieht, nicht kennt". Oder ein anderes Mal: „Indem man mit Hilfe der Sinne den beständigen Wechsel der Dinge wahrnimmt, können wir nicht umhin zu bemerken, dass einzelne Dinge, seien es Qualitäten oder Substanzen zu existieren anfangen und dass sie ihre Existenz erlangen durch die geeignete Applikation oder Operation eines andern Seienden. Durch diese Beobachtung erlangen wir die Idee von Ursache und Wirkung".

Aber wenn irgendwo in der Geschichte der Philosophie, wo das Wort allerdings auch sonst gar oft hinpasst, so heisst es hier: „Die Füsse derer, die dich hinaustragen, stehen schon vor der Thüre". Die Stunden des unangefochtenen Kausalglaubens sind gezählt, das Verhängnis der empirisch-kritischen Auflösung unserer Grundbegriffe schreitet unaufhaltsam und notwendig weiter. Der hochbedeutende Kopf, welcher mit wahrhaft unerbittlicher inquisitorischer Schärfe dies Gericht vollzieht und dadurch vor Allem in der Geschichte unserer Wissenschaft unsterblich geworden ist, war bekanntlich der Schotte DAVID HUME, bis heutigen Tags der feinste philosophische Denker Grossbritanniens und in seiner mit LOCKE geteilten rühmlichen Ehrlichkeit zugleich der lehrreichsten Einer, so anregend in dem, wo er irrte, um es aber meist ziemlich unverblümt selbst zu gestehen, wie in demjenigen, wo er zweifellos bleibend Richtiges giebt, bezw. Irriges für immer enthüllt. Beides trifft genau in unserem Fall der Kausalfrage zu.

Schon bei LOCKE sahen wir, dass er das nähere Wie der kausalen Operation als uns unbekannt (bezw. unwissbar) preisgiebt und nur das Dass noch für ohne weiteres einleuchtend hält. In jenem Verzicht offenbart sich teils die eigene kritisch vorsichtige und peinlich gewissenhafte Natur des Manns, der nicht mehr geben will, als er wirklich hat und „lieber sein Nichtwissen bekennt, als Andre durch Schwatzen über Nichtgewusstes langweilt". Teils ist es die unverkennbare Herüberwirkung des zeitgenössischen Okkasionalismus und verwandter Metaphysiken, die bereits von der inhaltlichen Seite aus der Kausalität ernstlich nahe getreten, wo nicht ans Leben gegangen waren. Dasselbe bildet offenbar für HUMES scheinbar unerhörten Schritt die erklärende Voraussetzung; dem so gut wie lahmgelegten Wie folgt naturgemäss vollends die Anfechtung sogar des Dass der kausalen Verbindung nach. Wir bemerken dies u. A. noch daran, dass in HUMES Angriffen mit Vorliebe eben die von ihm aufs Unerbittlichste aufgezeigte Dunkelheit, richtiger die völlige Finsternis in Betreff der Art und Weise des sog. Wirkens die massgebende Prämisse bildet. Im Uebrigen legt er zweifellos den Hauptnachdruck auf die — auch uns allein beschäftigende — erkenntnistheoretische oder logische Seite der Frage, insbesondere darauf, ob denn, was wir in der betreffenden Sache wirklich wissen, irgend auch im Stande sei, uns solid und ohne schwindelhafte Fiktionen über die sinnlich gegebene Thatsächlichkeit des einzelnen Falls schliessend hinauszuführen auf andre — das Grundproblem der Induktion in ihrem solidarischen Zusammenhang mit der Frage des Kausalgesetzes. Bei LOCKE dagegen war die Untersuchung namentlich auch des Substanzbegriffs noch vorwiegend ontologisch oder auf das dem Ding etwa zu Grund Liegende gerichtet gewesen, an was sich das Erkenntnistheoretisch-Methodologische mehr als Folgerung anschloss. HUMES Behandlungsweise liegt also mit Einem Wort ganz erheblich stärker als die seines Vorgängers in der Linie, welche KANT später fortsetzt.

Natürlich kommen für unseren gegenwärtigen Zweck die verschiedenen geschichtlichen Lehren, welche wir beiziehen, nicht im historischen Eigeninteresse in Betracht, sondern sollen nur klassische Typen möglicher systematischer Ansichten und Gegenansichten sein, die ebensogut des Geschichtlichen entkleidet in rein sachlicher Form gegeben werden könnten. Nur hat es immer einen eigentümlichen Nebenwert zu sehen, wie Fragen, die uns bewegen und ihre bleibende Bedeutung unabhängig von Zeit und Ort besitzen, auch einmal oder wiederholt schon im grösseren Massstab das menschliche Denken beschäftigt haben und im Mittelpunkt ganzer philosophischer Lehrbemühungen gestanden sind. Das giebt selbst in einem wesentlich systematischen Zusammenhang der erläuternden Anlehnung ans Geschichtliche ihr gutes Recht, befugt aber auch zugleich die letztere zu einem summarisch freien Verfahren, welches ohne peinlich berichterstattendes Eingehen nur das Entscheidende heraushebt und verwertet. Zweimal berechtigt und nötig ist dies eben bei HUMES fast übermässig ausgedehnter „Treibjagd", die er gegen den natürlichen Kausalglauben anstellt, um ihn aus allen Ecken und Schlupfwinkeln zu vertreiben, ihm jedes so oder anders versuchte Versteck zu rauben, kurz, ihm für immer ein Ende zu machen. Nachdem ich das seinerzeit in meiner geschichtlichen Darstellung des interessanten Skeptikers und Kritikers aufs Eingehendste geschildert habe, begnüge ich mich hier mit den durchschlagenden Hauptpunkten. Denn gar manche Wendung, welche HUME damals noch gegenüber von einem nachwirkenden Scholastizismus des Denkens für nötig hielt, kann heute als entbehrlich gelten; namentlich die hohlen analytischen Begriffsspielereien, gegen welche er (mit LOCKE) den Feldzug so rühmlich eröffnet, dürften seit KANT als etwas im allgemeinen Bewusstsein und wissenschaftlichen Geschmack Abgethanes angesehen werden. Dagegen ist bleibend bedeutsam, was HUME gegen die vermeintliche sinnliche Wahrnehmbarkeit des Kausalzusammenhangs ausführt; denn hier ist, wie wir oben sahen, ohne allen Zweifel der Schein ein sehr starker und immer wieder berückender. Dasselbe gilt von der Beweiskraft der regelmässigen Wiederholung in den Kausalprozessen, ein Punkt, den der scharfsinnige Skeptiker gleichfalls wenigstens im Prinzip vollkommen richtig erkannt hat, wenn er ihn auch nicht so eingehend und zwingend ausführte, dass er namentlich seine eigenen Landsleute, die englischen Empiriker bleibend bekehrt hätte.

Sehen wir nun der Sache nähertretend, was nach und mit HUME zuerst gegen die harmlos geglaubte sinnliche Wahrnehmbarkeit der notwendigen kausalen Verbindung zu sagen ist. Da steht voran der günstigste, scheinbar schlechthin sichere Fall, unverkennbar das „Musterbeispiel" für die Entstehung des Kausalglaubens, nämlich die willkürliche Gliederbewegung. Ob wir aber bei ihr doch nicht zum Voraus einer, auch sonst psychologisch sehr häufigen Täuschung unterliegen? Wir haben einen an sich rätselhaften Vorgang tausend und abertausend Mal vor Augen; ebendamit gewöhnen wir uns ganz und gar an ihn; was wir aber schlechthin gewohnt sind, hört dadurch psychologisch auf, ein Absonderliches, also ein Rätsel zu sein, an dem man stutzen oder sich weiter aufhalten würde. Durch die Macht der Gewohnheit wird uns schliesslich auch das Dunkelste vermeintlich hell; unsere Augen gewöhnen sich eben einfach daran. Die Selbstverständlichkeit von so Vielem in der Welt besteht genau betrachtet nur in der Einlullung, welche von der grossen „Amme" unseres Lebens nach des Dichters Wort, nämlich von der Gewohnheit bewirkt wird. Dies gilt für die ganze vorliegende Behauptung einer unmittelbaren Wahrnehmung des Kausalzusammenhangs, gilt insbesondere für den uns nächstliegenden, darum häufigsten und innigst gewohnten Fall der sogen. willkürlichen Gliederbewegung.

Entschlagen wir uns einmal jenes mächtigen Bannes der schwichtigenden Gewöhnung und sehen ganz scharf zu, was wir eigentlich durch äussere und innere Beobachtung im strengen Sinn des Worts gegeben vorfinden. Hume sagt kurz: „Wenn wir wirklich durch das Selbstbewusstsein irgend eine — von einemmal für allemal verbürgende — Kraft oder Kraftthätigkeit im Willen wahrnehmen würden, so müssten wir doch diese kennen; wir müssten ihre Verbindung mit der Wirkung, müssten die geheimnisvolle Einheit von Leib und Seele und die Natur dieser beiden Substanzen kennen, durch welche die Eine in so vielen Fällen auf die andre zu wirken im Stand ist". Das heisst mit anderen Worten: Weder der Laie, gegen dessen Standpunkt und naiven Kausalglauben wir zunächst kämpfen, noch auch weiterhin der gelehrteste Physiolog und Anatom schaut irgend den eigentlichen Brennpunkt, eben den Prozess des Wirkens und des notwendigen, in der Sache als solcher liegenden Verursachens. Vom Laien ist das ganz klar. Er kennt nur sein Wollen einerseits und die im normalen Stand sich daran anschliessende Folge der geschehenden Gliederbewegung andererseits. Dass aber etwas sehr Wichtiges dazwischenliegt, offenbar gerade dasjenige, wo jenes punctum saliens wenn überhaupt so allein geschaut werden könnte und das jedenfalls für den naiven, auf sein Schauen pochenden Standpunkt gar nicht vorhanden ist, sehen wir z. B. in den abnormen Störungsfällen. Bei völliger oder vorübergehender Lähmung eines Glieds (man denke an das sogenannte „Eingeschlafensein" einer Hand oder eines Fusses) findet auch der stärkste Wille keinen „Gehorsam" mehr oder tritt kein Erfolg ein. Dies weist eben auf einen entscheidenden Zwischenapparat hin, der in Ordnung sein muss, wenn Etwas herauskommen soll. Was weiss aber der, jenen notwendigen Zusammenhang angeblich schauende Laie hievon?

Er könnte vielleicht einwenden, dass er ja ganz deutlich spüre, wie sein Wollen etwa bei der Absicht einer kraftvollen Schwingung des Arms förmlich in Nerv und Muskel „einfliesse" oder naturnotwendig wirkend hinüberströme. Spürt er wirklich das? Was er dabei neben dem zweifellosen psychologischen Bewusstsein des kräftigen Wollens wahrnimmt, d. h. physiologisch spürt, ist vielmehr der Rückfluss der bereits geschehenden Aktion, der nach gewöhnlicher Sprache vom Willen bewirkten, genauer gesagt an ihn sich anschliessenden Innervation und Muskelspannung. Also spürt er nach gewöhnlicher Redeweise höchstens das erste Glied des Effekts, aber nicht das efficere selbst.

Und nicht besser steht es schliesslich auch mit dem gelehrtesten Hirnphysiologen. Mag es immerhin seiner Forschung (später einmal) gelingen, zu jeder seelischen Funktion und so auch zu der Absicht einer willkürlichen Gliederbewegung ganz genau das Hirnatom zu bestimmen, mit dessen so oder anders näher gefasster Affektion der ganze physiologische Prozess eingeleitet wird, — von dem afficere selbst, von der Anregung des materiellen Atoms durch die wollende Seele gilt jetzt und sicherlich für immer im Sinn des wirklichen Schauens und unmittelbaren Erfassens jenes berühmte „ignoramus et ignorabimus!" Wir werden also in der That HUME nicht Unrecht geben können, wenn er seine eigenen ausführlichen Erörterungen dieses ersten Punkts in das drastische Wort zusammenfasst: „Berge versetzen und Planeten durch den Willen regieren wäre nicht wunderbarer und unbegreiflicher, als die einfache Bewegung des kleinen Fingers durch einen Willensakt."

In derselben Weise gelingt es nun aber auch, die Täuschung nachzuweisen, welche uns bei dem sog. Kausalprozess draussen zwischen Ding und Ding äfft und den Schein des unmittelbaren Erfassens der genetischen Notwendigkeit in diesen Prozessen uns besonders durch ihre plastische Anschaulichkeit aufdringlich nahelegt. Am ehesten lässt das natürliche Bewusstsein noch in den (bekanntlich sehr häufigen) Fällen mit sich reden, wo „Ursache" und „Wirkung" ihrem Aussehen nach verschieden sind, wo auf ein a ein zunächst völlig unerwartetes b folgt, so dass der Zuschauer jedenfalls das erstemal völlig überrascht ist, bis er sich in der alten Weise daran gewöhnt und dann die Sache förmlich natürlich findet. Hier hält es nicht schwer, eben die täuschende und übertünchende Macht der Gewohnheit als die wahre, selbstverständlich sachlich gar nichts besagende Quelle jenes „in der Ordnung Findens", jenes Hinnehmens als „der Natur der Sache selbst entsprechend" aufzudecken. Was das erstemal völlig unerwartet kam (etwa wie Adam im Paradies allen natürlichen Dingen und Prozessen ursprünglich vollkommen ratlos gegenüberstand), das bleibt sachlich fortwährend ein nicht zu Erwartendes, ein in keiner Weise sozusagen analytisch in seinem Vorgänger steckendes, welches darum notwendig einmal aus ihm sich herausentwickelte. Kurz, von einem Schauen der inneren Zusammengehörigkeit, auf die sich fortan Schlüsse bauen liessen, kann hier offenbar nicht geredet werden.

Nicht anders ist es bei unerbittlich scharfem Zusehen auch in denjenigen „Kausalbeispielen", welche namentlich auf dem Gebiet der Mechanik zur Abwechselung von vorhin wesentliche Gleichheit des U. und W. zeigen, wie bei der Bewegungsmitteilung. Mitteilung! Ja, das Wort ist gleich ausgesprochen; wenn nur wirklich auch ein Recht dazu vorläge, es im Ernst zu brauchen. Wo zeigt sich denn die mitteilende Hand, die von Einem ins Andre hinübergreift? Es ist wahr: wenn irgendwo, so glauben wir sie hier zu sehen. Aber wir glauben es auch nur, hier wie in allen früheren Fällen. Setzen wir statt des Bilds der mitteilenden Hand die Sache, nämlich eben die innere Notwendigkeit, das Garnichtanderseeinkönnen, als dass ein bewegter Körper aufstossend einen andern bewegt, so entlarvt sich die ob auch noch so hartnäckige Täuschung. Was gar nicht anders sein kann, was selbstverständlich ist, etwa wie dass $2 \times 2 = 4$ oder der Winkel im Halbkreis ein Rechter ist, das lässt sich auch nicht anders denken. Halten nun jene angeblichen Selbstverständlichkeiten dieser Probe Stand? Dass ein in die Höhe geworfener Stein wieder herabfällt, dass eine rollende Kugel eine andere ins Rollen bringt und dergl., dünkt uns selbstverständlich; aber in abstracto denkbar wäre eine ganze Reihe anderer Möglichkeiten, z. B. dass der Stein endlos höher flöge oder auch still oben hängen bliebe. „Das kann nicht sein, das sind spitzfindige Thorheiten", antwortet Ihr. Aber warum kann es nicht sein? „Einfach, weil es eben thatsächlich nie so ist". Mit diesen Worten „thatsächlich" und „ist" gebet Ihr die vermeintliche Notwendigkeit rettungslos preis als etwas, dass Ihr nicht wisset; quoderat demonstrandum.

Ich glaube kaum, dass sich gegen diese, in freiem Anschluss an HUME gegebene Zersetzung des sensualistischen Kausalglaubens mit ernstlichen Einwänden aufkommen lässt, so sehr sich auch das natürliche Bewusstsein sträuben mag, es einzuräumen. Vielmehr bleibt es vollends seit HUME bei dem, was schon vor ihm der englische Skeptiker GLANVILLE programmatisch ausgesprochen: Causation itself is insensible. Kausalzusammenhang im Sinn des notwendigen Zusammengehörens von Verschiedenem ist nichts, was in äusserer oder innerer oder endlich auch in einer Beides vereinigenden sinnlichen Wahrnehmung gegeben wäre und von ihr gefunden werden könnte. Dies ist in der That ein Ergebnis, das von allen irgend zuständigen Stimmen in der Philosophie, speziell in der Erkenntnistheorie und Logik schon lange als bleibende Errungenschaft des scharfsinnigen Schotten anerkannt wird, mögen sie sonst noch so verschiedenen Parteien angehören.

Nun ist aber allerdings mit dem Bisherigen nicht das Ganze erschöpft, somit auch noch nicht Alles zersetzt und widerlegt, was der populäre Standpunkt für seine naiv unmittelbare Kausalannahme geltend machen kann. Wir deuteten bei der Vorführung seiner Musterbeispiele und Lieblingsfälle bereits an, dass er wenigstens in zweiter Linie sich auch auf das Moment der insoweit regelmässigen Wiederholung seiner kausalen Zusammenhänge beruft und stützt. Ohne Zweifel spielt diese schon für das natürliche Bewusstsein von Anfang an eine beachtenswerte Rolle. „Einmal ist keinmal", sagt das Sprichwort als Warnung vor unvorsichtig raschem Zugreifen und als Mahnung zum Abwarten der Wiederholung, obgleich dem sinnlichen Menschen die eindringliche augenfällige Plastik in dem Zusammenhang zweier Prozesse in der That das Wichtigere und im Vordergrund Entscheidende sein dürfte.

Dagegen spinnt die empiristische Reflexion als geradlinige Fortsetzung des urwüchsigen Standpunkts mit Vorliebe eben an diesem Faden der Wiederholung weiter. Wir wollen ja in Gottesnamen zugeben, wird sie sagen, dass aus den einzelnen Fällen als solchen sich jener kausale Zusammenhang nicht herausschauen lässt, wie man zuerst immerhin allzurasch glauben möchte. Ein anderes dagegen ist es, wenn die Fälle sich identisch summiren. Und das führt denn doch die Erfahrung jedenfalls für die gewöhnlichen und alltäglichen Beispiele in sattsam genügender Weise jedem, auch dem Laien und nicht nur dem Mann des wissenschaftlichen Forschens vor Augen, also dass damit als mit einer Erfahrungsthatsache gleichfalls nicht bloss gerechnet werden darf, sondern gerechnet werden muss. Wenn a—b bisher immer (bezw. in einer hinreichenden Zahl von Fällen ohne nennenswerte, anders erklärbare Ausnahmen) zusammen vorkamen, so lässt sich doch wohl vernünftiger Weise erwarten, dass sie es auch ferner thun werden, es lässt sich aus dem bisher Gegebenen als Vorspiel mit Recht auf ein entsprechendes Nachspiel schliessen, was ja eben der Haupt- und Herzpunkt an dem fraglichen Kausalgedanken ist, während man alles nähere Wie dieses Zustandekommens methodologisch ruhig dahingestellt sein lassen kann.

Auch diese Wendung hat sicherlich sehr viel Scheinbares und Berückendes, das trotz HUME namentlich heute wieder besonders in England und in den von ihm abhängigen festländischen Kreisen sein Spiel treibt, erheblich zäher und hartnäckiger, um nicht zu sagen vexierender, als jener erste, im Wesentlichen als wissenschaftlich beseitigt gelten könnende Sinnenschein. Aber stutzig gemacht durch das Ergebnis bei dem Letzteren müssen wir der neuen Wendung nicht minder prüfend nähertreten, ob sie nicht abermals ein sachlich vielleicht ganz Richtiges jedenfalls formell viel zu rasch und darum logisch unberechtigt am grünen Baum der blossen Erfahrung pflücken zu können glaubt. Sie sagt, aus dem bisher in ständiger Wiederholung Gegebenen lasse sich eine entsprechende Fortsetzung auch in Zukunft erwarten. „Erwarten" nun allerdings, wenn man das Wort säuberlich im psychologischen Sinn nimmt und nicht sofort mehr hineinlegt. Insbesondere durch die öftere Wiederholung, wenn auch nicht durch sie allein, bildet sich in der That im Mechanismus unseres Seelenlebens jene fortsetzungslustige Neigung, das Spätere sich nach Art des gewohntgewordenen Früheren vorzustellen. Wir werden später auf diesen Punkt noch einmal zurückzukommen haben. Vorläufig aber ist ja altbekannt, wie wenig diesem lediglich naturwüchsigen und undisziplinierten Zug zur „Generalisation der Erfahrung" zu trauen ist oder wie jämmerlich er uns so vielfach im Einzelnen irre führt, so dass wir allen Grund haben, gegen ihn auch grundsätzlich und im Allgemeinen misstrauisch zu sein. Jedenfalls ist es zu viel Ehre für ihn, nur so ohne Weiteres, wie der Empiriker oben that, jenes „Erwarten" gleichzusetzen dem vernünftigen Annehmen oder Erschliessen, das aus guten Gründen und mit hinreichender Berechtigung geschieht. Ach was, wird man vielleicht unwillig entgegnen, wir wollen hier lieber nicht um Worte und Ausdrücke uns herumstreiten, wo es eine ernste Sache gilt: ob erwarten oder annehmen oder erschliessen, das bleibt sich am Ende gleich und gründet sich in unserem Fall auf die doch wohl erlaubte Annahme einer wesentlichen Gleichförmigkeit des Naturlaufs, von der das Bisherige die Probe oder das massgebende Muster an die Hand giebt und wozu das Folgende die angemessene Fortsetzung liefert. — Leider jedoch können wir unsererseits diese Erlaubnis zur Annahme der „Gleichförmigkeit des Naturlaufs" nicht nur so leichten Herzens erteilen, sondern müssen in ihrer Beiziehung (wie dies nach dem früher Bemerkten wiederum schon HUME prinzipiell that) vielmehr eine ganz entschiedene petitio principii oder die scheinbar völlig harmlose Einschmuggelung eben genau des Fraglichen und Gesuchten sehen. Ohne allen Zweifel bildet nämlich allerdings die Überzeugung von der „Gleichförmigkeit des Naturlaufs" die Basis oder den wahren Hebel, um vom Gegebenen weiterzukommen und Nichtgegebenes, namentlich auch Zukünftiges sicher zu erschliessen. Aber was heisst denn „Gleichförmigkeit des Naturlaufs"? Ist es nicht genau soviel wie der Satz: Unter gleichen Bedingungen ergeben sich unfehlbar und naturnotwendig gleiche Folgen? Dies aber ist das gesuchte Kausalgesetz optima forma, welches man also voraussetzt, um schliessend überhaupt weiteroperieren zu können, somit nicht selbst auf diesem Weg erschliessen kann und darf. Es muss darum in der That als ein starkes ὕστερον πρότερον oder als unleugbarer Zirkel bezeichnet werden, wenn in allbekannter Weise namentlich STUART MILL als Heerführer dieser empiristischen Richtung in der Logik und Erkenntnistheorie das Kausalgesetz sogar im Ganzen auf Induktion gründen oder in ihm die umfassendste und darum sicherste aller Induktionen sehen will. Während die einzelnen induktiv zu gewinnenden Naturgesetze nur ein verhältnismässig beschränktes Beobachtungs- und Erforschungsgebiet aufweisen, erstrecke sich dagegen die Kausalität als die Form alles wenn auch inhaltlich noch so verschiedenen Geschehens auf das Ganze wenigstens der uns zugänglichen Wirklichkeit. Somit sei ihre induktive Erhärtung unvergleichlich breiter und solider fundamentiert, als jede andre, und könne deshalb geradezu als Gewissheit oberster Art betrachtet werden. Wenn nur der Boden selbst nicht wankte, auf dem sie ruht, oder wenn es nur angienge, dass etwas Ergebnis seiner eigenen Voraussetzung, oder umgekehrt ausgedrückt eine Art von logischer „causa sui" wäre!

Der Zirkel, an welchem diese Gedankengänge leiden, lässt sich in etwas anderer Wendung auch so darthun. Der Empiriker betrachtet, wie wir oben sagten, das bisher Gegebene als das angefangene Muster, das für die Fortsetzung real im Geschehen und ideal in unserem Weiterschliessen massgebend sei. Was heisst denn aber „Muster"? Steckt in diesem Wort und Begriff oder also in der Schätzung des Gegebenen als eines Musters nicht bereits der Gedanke eines „musterhaften" Verhaltens der Welt d. h. ihrer rationellen Gesetzmässigkeit, wornach sie sozusagen verpflichtet ist, das angefangene Trom entsprechend weiterzuspinnen und eben den bisherigen Gang einzuhalten? So kann der Astronom aus einem beobachteten Kurvenstück die ganze Kurve berechnen, weil er überzeugt ist, es mit einem rationalen mathematischen Gebilde zu thun zu haben, wo der Anfang zu dem Fortgang stimmt. Ebenso vermag der Zoolog mit dem Sprichwort geredet ex ungue leonem oder aus einem einzig übriggebliebenen versteinerten Wirbelknochen eventuell das ganze Tier zu rekonstruieren, weil er überzeugt ist, dass auch in den organischen Bildungen eine vernünftige Formel als bestimmendes Gesetz waltet, das zu dem a notwendig ein b, c u. s. w. fügt. Der alte Empedokles in seinen kindlich primitiven Anfängen eines reinen Zufalls-Darwinismus liess dagegen ruhig Stiersköpfe und Menschenleiber zusammentreffen oder andere Monstrositäten entstehen, wie eben das Spiel in der wechselnden Mischung der Elemente es mit sich brachte.

Auf Grund von allen diesen Erwägungen kann also eine rationalistische Logik die Stellung und Rolle nicht für richtig halten, welche die empiristische dem Moment der Wiederholung im Geschehen einräumt. Nicht in erster Linie und fundamental, sondern erst in zweiter und als Hilfsbegriff komme sie vielmehr in Betracht, wenn es sich um die Anwendung handle. Hier möge sie immerhin zufällig einmal Zusammengeratenes von wirklich Zusammengehörigem scheiden lehren, möge durch gleichförmige Wiederkehr die wirklich sauberen, gleichen Bedingungen zeigen, an welche sich dann gleiche Folgen knüpfen, aber all das eben auf Grund der allgemeinen Gesetzespräsumtion, die vorangehen muss.

Irre ich jedoch nicht in einer Frage, bei deren grosser Spitzigkeit schon die Besten geirrt haben und noch heute irren, so ist mit der bisherigen Auseinandersetzung über die logische Bedeutung der Wiederholung allerdings noch nicht Alles abgemacht. Vielmehr dürfte in der gegnerischen Hervorhebung derselben immerhin ein beachtenswerter Kern von Wahrheit stecken. Sonst würden wohl auch nicht so tüchtige Köpfe, wie ohne Zweifel eben STUART MILL und viele Andere, von alten und neuen Einwänden unbeirrt dermassen zäh daran festhalten, dass man z. B. wieder heutigen Tags eher ihre, als die andere Anschauungsweise als die verbreitetste und herrschende bezeichnen möchte. Auch das unreflektiert einfache Bewusstsein wird sich allezeit energisch gegen eine zu weitgehende Unterschätzung des Wiederholungsmoments sträuben, welche im Eifer der Bekämpfung nun vielleicht doch auch ihrerseits wieder über das Ziel schiesst und der Wiederholung zur Strafe für ihre anderwärts allerdings ungebührliche Schätzung etwas gar zu wenig Wert und Recht einräumen will.

Was ich meine, ist dies: Der Empiriker könnte am Ende nicht so ganz mit Unrecht sagen, dass wir im Vorstehenden doch eigentlich nicht völlig ehrlich und loyal gegen ihn operiert haben oder ihn und seine wahre Meinung jedenfalls missverstehen. Nicht das Gegebene als solches oder nur eben als vorausgegebenes sei seine Schlussbasis; soviel wisse er auch, dass man damit allein nicht solid weiterkäme. Sondern er lege ja allen Nachdruck eben auf die Thatsache, dass das Gegebene in (hinreichend) gesicherter Wiederholungsform vorliege. Und das sei ohne Zweifel zu dem blossen inhaltlichen Thatbestand des Geschehens eine höchst merkwürdige Begleitthatsache von weiterer Art, um deren Ausnützung es sich für ihn handle. Denn wenn Nichtzusammengehöriges trotzdem immer wieder zusammenträfe, statt in buntester Abwechslung heute so, morgen anders sich zu gruppieren, so wäre das doch wohl eine unbegreifliche Laune der Natur und des Weltlaufs, einfach eine seltsame und absonderliche Unnatur, stark ausgedrückt eine Verrücktheit des Geschehens. Also liege in jener Thatsache der konstanten Wiederholung dennoch der Beweis dafür, dass wir im Bisherigen wirklich das angefangene Muster des Weltlaufs, anthropopathisch ausgedrückt mindestens die Lieblingsform desselben vor uns haben und uns fürs Folgende ruhig darauf stützen dürfen.

Etwas Wahres dürfte in diesen Darlegungen nun wiegesagt enthalten sein, von dem wir später nicht unterlassen werden Gebrauch zu machen. Allein so wie sie bis jetzt lauten und ohne sehr wichtige noch fehlende Zwischengedanken eilen auch sie noch immer zu rasch aufs Ziel los und es lässt sich ihnen nachweisen, dass sie den alten Zirkel gleichfalls noch nicht losbekommen haben. Ich brauchte im Sinn jener Anschauungsweise gewiss nicht unrichtig die Ausdrücke „Unnatur, Laune, seltsam, absonderlich, sogar verrückt". Was enthalten sie aber alle, wenn wir sie scharf analysieren? Offenbar einen vorausgesetzten Massstab, an dem sie als lauter Werttaxationen bemessen werden, bezw. mit dem sie messen. Unnatur setzt einen bestimmten Begriff von Natur voraus, von welchem die erstere abweiche. Seltsam und absonderlich nenne ich das, was mit einer Regel und Norm nicht stimmt, sich in kein allgemeines Gesetz fügen will, sondern seine Privatwege geht. Laune hat nur einen Sinn auf dem Hintergrund des Nichtwillkürlichen, sondern Notwendigen. Verrückt endlich heisst Losgerissensein von dem Standort der Vernunft. So steht also bei allen diesen Werturteilen eben immer wieder das alte Gesuchte, die Rationalität des Seins und Geschehens im bestimmenden Hintergrund.

Denken wir diesen einmal entschlossen weg, um von der Äfferei jener petitio principii endgültig frei zu werden, welche Jeden stets aufs Neue in ihren Bannkreis zu ziehen droht. Denn eine schwierige Abstraktion ist es allerdings; müssen wir doch von Etwas absehen, das dem vernünftigen Menschen, und nicht bloss dem von heute, völlig in Fleisch und Blut übergegangen ist oder vielmehr von Anfang an ihn wenigstens im Stillen beherrscht. Daher drängt sich Weltrationalität und mit ihr sofort die Kausalüberzeugung unwillkürlich in jede auf sie gerichtete Untersuchung ein und nimmt unversehens unter den Vordersätzen Platz, welche eigentlich erst zu ihr als Folgerung führen sollten und wollten. Hierin liegt die psychologische Entschuldigung für die vielen sonst ganz klaren und scharfen Denker, welche dennoch, wie wir nachgewiesen zu haben glauben, in der genannten Weise irren; aber in diesem Licht betrachtet verdienen sie jedenfalls den Vorwurf eines gemeinen und schülerhaften logischen Fehlers mitten in ihrer Logik nicht mehr. Vollziehen wir also jene scharfe Abstraktion und denken uns einen Augenblick eine Welt der vollkommenen Gesetzlosigkeit oder idealen Anarchie. Hier hören auf einmal alle jene Wertbegriffe wie Unnatur, seltsam und absonderlich auf, einen Sinn und Geltung zu haben. Wie es auf ethischem oder sozialpolitischem Gebiet kein Böses, kein nichtseinsollendes Unrecht, kein Anormales mehr giebt, sobald wir von einem normierenden Gesetz absehen, wie auf logischem Gebiet wahr und falsch keine Unterschiede mehr sind, wenn das μέτρον gewisser idealer Urmächte und Richtpunkte wegfällt, gerade so in einer Welt völlig gesetzlosen Geschehens. Nichts ist hier mehr unnatürlich, nichts ist eher als das Andre zu erwarten. Träfe es sich „zufällig" so, dass in Ewigkeit Nichtzusammengehöriges dennoch stets zusammen wäre, wir hätten keinen Grund und kein Recht, uns daran irgend aufzuhalten. Haben wir doch mit dem Ausdruck „Zusammengehöriges" für eine solche Welt bereits wieder zu viel gesagt. Mag in ihr einfach zusammensein, was da will und wie es will, kein Gesetz steht ja darüber, welches das Eine verlangte und das Andre verböte. Dass uns ein solcher Zustand allerdings als irrationaler Unsinn hartnäckig widerstrebt, ist ohne Weiteres zuzugeben. Aber das kommt eben wieder allein von unserer Präsumtion, die uns nie ganz loslässt, von unserer Vorüberzeugung der Nicht-Nichtgesetzlichkeit, des Nicht-Unsinns oder ohne duplex negatio einfacher gesagt von unserer Überzeugung des Sinns und der vernünftigen Gesetzmässigkeit als letztem Ankergrund der Welt. Nur deshalb fällt uns die beobachtbare konstante Wiederholung als etwas sehr Beachtenswertes auf; sonst stünde sie mit der Nichtwiederholung auf Einer Linie. Wir mögen also immerhin jene als wichtigen Hinweis, als Erinnerung an die erst wirklich massgebende Tiefe betrachten, aber ein Beweis derselben ist sie inallweg noch nicht, weil sie ja in einer völlig irrationalen Welt geradesogut möglich wäre. Jenes Tiefere ist somit doch erst zu suchen und aufzuweisen oder zu erweisen, wozu unter allen Umständen erhebliche, seither immer noch fehlende Zwischenglieder und Mittelgedanken erforderlich sind. Ebenso dürfen wir vorausnehmend sagen, dass ohne krankhaften theoretischen Pessimismus auch die anderen in der natürlichen sinnlichen Anschauung liegenden Momente, welche selbstverständlich die Entstehung des Kausalglaubens empirisch veranlassen, nicht in der schliesslichen Sache irren, sondern das Ergebnis nur in zu raschem Gang oder, wenigstens auf der Oberfläche des Bewusstseins, in bodenlosem Flug und darum ohne logischen Rechtstitel erhaschen.

Sehen wir von diesem beruhigenden Ausblick auf später vorläufig wieder ab und machen den Rechnungsabschluss dessen, was wir seither gewonnen oder vielmehr nicht gewonnen haben, so wird sich nicht leugnen lassen, dass der Herzpunkt des logischen Kausalgedankens, jene innerlich notwendige, ein Weiterschliessen sicher ermöglichende Verbindung bis jetzt nicht gefunden ist. Weder so noch anders, weder sinnlich anschauend, noch empirisch-induktiv schliessend erhalten wir das Gesuchte auch nur entfernt mit solcher Festigkeit und zwingenden Gewalt, dass sich irgend darauf fussen liesse oder dass es uns sozusagen ganz wohl bei der Sache wäre. Wir haben immer das Gefühl, dass etwas dabei noch nicht in Ordnung sei oder dass wir gewissermassen unser Geschäft mit erborgtem Geld treiben, das jeden Augenblick zurückgefordert werden kann.

Und doch ist auf der andern Seite der Kausalgedanke nun einmal da; er ist auch ganz abgesehen von seiner gewaltigen Wichtigkeit jedenfalls ein psychologisches Faktum, eine Thatsache des menschlichen Bewusstseins, welche so gut wie andre Thatsächlichkeiten erklärt sein will. Das gälte von ihm, und wäre er selbst eine blosse Fiktion. Denn mit der nackten Aufdeckung eines etwaigen Irrtums ist es bekanntlich noch nicht gethan. Der zweite kaum minder wichtige Schritt in einem solchen Fall wäre stets der, dass nun wenigstens auch noch die Quelle des Irrtums dargethan wird, mag sie liegen wo sie will. Auch der Irrtum fällt nicht aus der blauen Luft, sondern hat in seiner Art gleichfalls Grund und Boden. — Wenn wir vorhin von der Möglichkeit einer blossen Fiktion redeten, so war das freilich eigentlich zu viel gesagt. Schlechterdings erfinden kann unser Bewusstsein nichts; denn es hat keine materiale Schöpferkraft. Wir können schliesslich immer nur Gegebenes formieren und anwenden, sei es richtig oder falsch. Aber die einfachen Bausteine müssen wir uns geben lassen, d. h. sie irgendwie erleben und erfahren. Das gilt von allen jenen ἁπλᾶ oder Grundbegriffen wie z. B. Sein, Werden, Wirken (was ich gelegentlich namentlich auch für letzteres betont haben möchte, da in der materialmetaphysischen Behandlung der Kausalität eine gar zu weit gehende skeptische Sublimierung es völlig zu „expatriieren" droht und damit beinahe zu einem Gedanken macht, der da ist, ohne dass man mehr weiss, woher und mit welchem wenn auch nur psychologischen Rechtstitel). Zu diesen einfachen Begriffen gehört ohne Zweifel auch derjenige der notwendigen Verbindung; denn mag er sich auch als Relationsbegriff auf Mehreres beziehen: der Gedanke der Relation als solcher ist dennoch ein einfacher und kein erst durch Zusammensetzung entstandener. Somit werden wir überzeugt sein dürfen, dass auch er (und mittelbar damit zugleich derjenige der kausalnotwendigen Verbindung) irgendwo wirklich erlebbar und in seiner Art erfahrbar sitzt, um weiterhin sei es falsche oder richtige Anwendung zu finden. Dies Letztere ist dann erst die Sache des spontanen und von hier an fehlbaren Subjekts.

Es fragt sich somit bloss, wo wir die sicher anzunehmende Heimat unseres Begriffs zu suchen haben. Im Objekt für sich jedenfalls nicht, das sahen wir gleich im Eingang unserer kritischen Zersetzung des sensualistischen Kausalglaubens. Ebensowenig im Subjekt, soweit es nur als physisch-psychisches Ding unter den Dingen dasteht und mit ihnen sogenannte Wechselwirkungen austauscht. Aber vielleicht enthält es doch noch höhere Seiten seines Bewusstseinslebens, die wir noch nicht genügend durchforscht hätten, wozu eben wenn gleich als nur halbgeglückter Versuch jene Wendung zur empirisch-induktiven, also denkenden und schliessenden Verwertung des Wiederholungsmoments die Anbahnung bilden könnte.

Wiederum ist es das Verdienst des bahnbrechenden und anstossgebenden Klassikers für den Kausalgedanken, des DAVID HUME, seine bleibend wahre Verneinung durch einen positiven Versuch ergänzt zu haben, der zwar sicherlich viel zu nieder greift, aber dem Grundsatz nach doch eigentlich auf das einzig noch Mögliche und wirklich zuletzt Richtige deutet. Ich meine die Wendung zum Subjekt und den Gesetzen seines Bewusstseinslebens, um hier die wahre Heimat des Kausalgedankens zu entdecken. So wenig wir bei seiner Ersatzanschauung werden stehen bleiben können, verlohnt es sich doch, dass wir uns in summarischer Kürze auch ihre Grundzüge vergegenwärtigen, denen jedenfalls Scharfsinn und lehrreiche Ehrlichkeit zugleich wieder nicht abzusprechen ist.

Selbstverständlich (aber mit allem Recht, wie wir es später selbst auch thun werden) knüpft er als Empiriker an jene Erfahrungsdaten an, welche als Veranlassung des Kausalglaubens inallweg übrig und zu Recht bestehen bleiben, auch wenn ihnen ihre populäre Tragweite abgesprochen werden musste. Es ist dies bei den Musterbeispielen einerseits der raumzeitliche Zusammenhang zweier Prozesse, andererseits namentlich die Thatsache der konstanten bisherigen Wiederholung ihres Mit- bezw. Nacheinanderseins. So wenig nun letztere objektiv uns etwas Neues lehren kann (denn was in keinem einzelnen Fall liegt, liegt sachlich auch nicht in hundert gleichen nacheinander), so gewiss ergiebt sich aus ihr im sammelnden Bewusstsein des Subjekts ein Weiteres, das mit der steigenden Wiederholung beständig wächst. Und dies ist dasselbe, was hier auch schon das erste Moment des raumzeitlichen Zusammenhangs wenn gleich etwas weniger stark zur Folge hat, nämlich eine äusserst enge Assoziation der betreffenden Ideen oder freien Vorstellungen U. und W., welche mich mit der Zeit förmlich nötigt oder zwingt, die Eine nicht ohne die Andre zu vollziehen (die inseparable associations der heutigen englischen Assoziationspsychologie). Kommt mir dann im Lauf des Lebens das Eine Glied als gebundene Vorstellung (impression), d. h. als sinnliche Wahrnehmung z. B. des Blitzes wieder vor, so kann meine Phantasie gar nicht umhin, sofort zum zweiten Genossenschaftsglied weiterzueilen und zwar wegen der Raschheit und Leichtigkeit dieses imaginativen Ueberganges beinahe mit voller Bewahrung der psychologischen Frische und Lebhaftigkeit jener austossgebenden Impression. Was heisst das nun anders, als dass ich mir das zweite, noch nicht (oder unter Umständen jeweils gar nicht) sinnengegenwärtige Glied so lebhaft vorstelle, als ob ich es mit leiblichen Augen sähe oder mit leiblichen Ohren hörte? Wir mögen das den nicht weiter mehr analysierbaren, aber Jedem bestens bekannten logischen Glauben (belief) nennen. In seiner Form erwarten wir das zweite Glied auf Grund des ersten oder setzen das erste auf Grund der sinnlichen Anwesenheit (impression) des zweiten voraus. Mit Einem Wort: Wir schliessen auf diesem ganz natürlichen, auch dem Tier und Kind gleichermassen zugänglichen Weg vom Gegebenen aufs Nichtgegebene, aber sicher Anzunehmende. Das ist das ganze Geheimnis, wenn auch die Lösung Manchem zu simpel klingen mag. So geht es nicht bloss thatsächlich zu, sondern wir haben damit zugleich auch die längst vergeblich gesuchte, das wirkliche Verfahren erklärende Grundlage des Schliessens über die Sinne hinaus, nämlich die **subjektiv-psychologische** Notwendigkeit gefunden, welche in jener so überaus engen Ideenassoziation liegt. Sie tritt an die Stelle der nun einmal schlechterdings nicht auffindbaren und mit keinen Mitteln nachweisbaren **objektiv-sachlichen** Notwendigkeit, welche Ding an Ding oder Prozess an Prozess knüpfen würde und die wir als etwas uns völlig unfassbares dahingestellt sein lassen müssen.

Soweit HUME und sein berühmter, allerdings als einzig dastehender psychologisch-imaginativer Ersatz des Kausalgedankens. Denn das ist genau der Brennpunkt der Sache, es ist das Quidproquo des ziemlich nieder Psychologischen für das höher Logische. Diesen unbefriedigenden Eindruck muss ein Jeder dabei empfangen und sagen: Wir haben von Dir eben doch nicht erhalten, was wir endlich zu erhalten hofften, oder Du hast uns mit aller Deiner psychologischen Feinheit und wesentlich folgerichtigen Ausziehung Deiner Vordersätze das nicht gegeben, was Du uns eigentlich versprachst. Wir hofften auf eine Erklärung, wo nicht Rechtfertigung des Kausalgedankens, wenn auch aus dem Subjekt und seinen Mitteln heraus. Statt dessen wurde im Verlauf etwas ganz anderes an die Stelle gesetzt, in dem wir nimmermehr unseren thatsächlichen Kausalgedanken anzuerkennen vermögen. Der steht also immer noch unerklärt da; denn kein Mensch versteht unter Kausalzusammenhang eine subjektiv nötigende Verknüpfung unserer Vorstellungen qua Vorstellungen (oder seelische Akte), sondern eine objektiv sachliche Verknüpfung der Dinge (oder zum mindesten unserer Vorstellungsinhalte als solcher), welche wir in unserem Schliessen nachbilden.

Du sagst, das sei es ja eben, dass wir Eins mit dem andern verwechseln und eine völlig leere sachliche Stelle mit einem subjektiven Anlehen ausfüllen. Als ob wir nicht Beides (die Ideenassoziation und das Schlussverfahren) recht wohl kennen und nebeneinander besitzen würden, aber mit dem normaler Weise ganz klaren Bewusstsein ihres grossen Unterschieds! Wir kennen sie natürlich sehr genau, unsere phantasieroll geschäftige Ideenassoziation mit allem, was sie uns bei Tag im Wachen, bei Nacht im Träumen vorgaukelt. Wir wissen ganz gut, dass der Mensch nach dem Sprichwort gerne glaubt, was er hofft. Aber jedenfalls der Nüchterne und Besonnene, der doch wohl maassgebend ist und nicht die Schaar der Tiere, Kinder und Idioten, welche Du zur Verstärkung der Volksabstimmung mit aufspazieren lässest, sagt sich dabei rundweg, dass ein solches Verhalten, ein solches Sichbestimmenlassen von Furcht und Hoffnung eigentlich eine Dummheit sei, der sich ein Mann zu schämen habe. Kalt, ruhig, besonnen, sine ira et studio soll er denken statt phantasieren. Und was sich ihm auf diesem Weg ergiebt, das „erwartet" er nicht bloss, sondern das weiss er, das ist ihm u. U. so sicher wie das Ergebnis einer mathematischen Rechnung, ohne dass ihm dabei für gewöhnlich und von nicht hieher gehörigen Nebeneinflüssen abgesehen die Pulse in der Erregung der „gespannten Erwartung" irgend schneller schlügen. Umgekehrt findet er in sich gar Manches, was ihm als Idiosynkrasie angeboren oder in früher Kindheit angewachsen ist und darum äusserst zäh als Assoziationsverkettung sitzt. Nichtsdestoweniger weist er ihm denkend die Thüre und beugt sich als logischer Kopf nicht vor dem vielleicht unsinnigen psychologischen Zwang.

Hume ist klar und ehrlich genug, um sich derartige Einwürfe selbst zu machen. Er gibt sich deswegen die grösste Mühe, den auch ihm schliesslich nicht ganz verborgenen Unterschied des Logischen vom bloss Psychologischen dennoch in seiner Art zurechtzulegen, ohne die Hauptanschauung preiszugeben, die nun einmal aufs Psychologische lautet (wie seither ständig bei seinen Landsleuten). Dass ihm das sachlich nicht gelingt, lässt sich denken. Aber auch persönlich heuchelt er keine Befriedigung, die er selbst nicht besitzt, sondern gesteht schliesslich zu, dass seine Anschauung, sogut sie nach abwärts für niedrigere Stufen von „kausalem" Vorstellen und Leben passe, nach oben bedenklich zu wünschen übrig lasse. Das blosse „Erwarten" an Stelle des beruhigten und in sich befriedigten Schliessens vom Gegebenen aufs Nichtgegebene, besonders Künftige ist eben doch eine gar zu magere Abspeisung, welche sich namentlich die Naturwissenschaft nimmermehr gefallen lassen kann; denn sie, soweit sie nicht bloss beschreibend ist, steht und fällt ja mit dem lichten markvollen Kausalgedanken. Kein Wunder daher, dass HUME am Schluss seines Essay das berühmte Autodafé über alle Bücher veranstaltet wissen will, die nicht bloss wie Geschichte (und Ähnliches) das Gegebene berichten oder wie Mathematik mit blossen, zur Wirklichkeit zunächst beziehungslosen Formverhältnissen sich befassen. Sowas kann aber doch wohl nicht das letzte Wort in unserer Frage sein!

Oder sollen wir wirklich schon die Segel mutlos streichen, nachdem ein so scharfsinniger Kopf wie HUME offenbar Schiffbruch gelitten? Denn, dass im Objekt für unseren Fall nichts zu holen sei, hat er ein für allemal überzeugend dargethan. Und jetzt hat sich fürs Andre auch sein eigener Ersatzversuch im psychologisch pünktlich durchgenommenen Subjekt sogar ihm und jedenfalls uns als mehr wie fadenscheinig, als ein bitterböses Surrogat erwiesen, wo uns schliesslich gar nichts zu haben lieber ist, als dies ersichtliche X für ein U? Gewiss, dem natürlichen Bewusstsein liegt ein solcher Verzicht jederzeit mehr als nahe; HUMES eigene Landsleute und Gegner von damals, die Männer der „schottischen Schule" sind darum sicherlich nicht die Einzigen und Letzten gewesen, welche gegen solche „vergebliche und unnatürliche Tifteleien der Studierstube" kurzweg Berufung auf den gesunden Menschenverstand (common sense) einlegten. Die Zahl ihrer Nachfolger und Gesinnungsgenossen in allen Kreisen ist ohne Zweifel Legion!

Der Mensch, heisst es etwa von diesem Standpunkt aus, kann und braucht nun einmal nicht Alles zu wissen und zu verstehen. So hat man in material metaphysischer Hinsicht sich seit Jahrhunderten vergeblich darüber herumgestritten und gequält, wie es denn eigentlich bei dem Wirken zugehe, bis man sich mehr und mehr beruhigt und zugiebt: Wie das Wirken in letzter Hinsicht gemacht oder also gewirkt wird, das kann nun einmal Niemand wissen. Seien wir froh und zufrieden, dass es stattfindet und die Welt, die ja wir nicht zu schaffen brauchen, ihren Gang auch ohne unseren Einblick geht. Nicht anders wird es am Ende auch mit der erkenntnistheoretischen Seite der Sache sein. Wir werden dem Gesetz wohl nicht ins Herz sehen können. Aber was braucht es dies? Tragen wir es nicht sozusagen in unserem Herzen, besitzen wir nicht seinen vollkommen genügenden Widerschein in Form des glücklichen unwiderstehlichen Instinkts, welcher blitzartig uns den sinnlich meinetwegen nicht ganz entscheidenden Sachverhalt beim kausalen Geschehen beleuchtet und aufhellt? Oder dasselbe anders gewendet: Wir schliessen auf Schritt und Tritt kausal und können gar nicht anders. Wäre es nun nicht ein krankhafter Zweifel, wollten wir das gute Recht eines so ausnahmslos allgemeinen und notwendigen Verfahrens aufechten? Irrtum und Missgriff im Einzelnen der Anwendung kommt ja selbstverständlich mehr als häufig vor. Aber das trifft das Prinzip als solches nicht. Ihm zu nahe zu treten, hiesse der Natur selbst einen schnöden Betrug zutrauen, den sie an uns mit der Einpflanzung eines derartigen Grundzugs begangen hätte. Sie hat ihn uns gegeben, nicht damit wir über ihn selbst noch in unnötiger und aussichtsloser Weise nach rückwärts weitergrübeln, sondern damit wir an seiner sicheren Hand nun rüstig nach vorwärts arbeiten und forschen und die konkreten Einsätze kennen lernen, mit welchen die Natur das abstrakte Fachwerk des Kausalzusammenhangs ausgefüllt hat. Unser Ziel bildet die Erfassung der Naturgesetze auf Grund der Kausalität, nicht aber eine am Ende sich nur überfliegende Uebergenauigkeit, welche noch hinter diesen Grund oder das letzte Prinzip selbst zurückgehen, also mit KANTS tadelndem Kunstwort gesprochen transcendent werden will. Gerade so geht die mathematische Untersuchung des Raumes und seiner Verhältnisse seit Jahrtausenden ihren sicheren Gang nach vorwärts, ohne dass man nötig gehabt hätte oder es jetzt haben würde, nach rückwärts seine Zeit und Kraft mit leerem Spintisieren über das letzte wahre Wesen des Raums zu vergeuden. Auch ihn wie so viele andre „principia" hat die gütige Mutter Natur uns mitgiftartig von Haus aus klar und überzeugend genug nahe gelegt, damit wir auf diesem Grund weiterbauen und arbeitsfroh uns bewegen.

So werden wohl namentlich heutzutage die Selbstberuhigungsversuche des natürlichen Kausalglaubens lauten, nachdem er durch Zweifel und Bedenken in der Weise HUMES einen Augenblick aus seiner behaglichen Sicherheit und vermeintlichen Selbstverständlichkeit aufgeweckt worden ist. Früher, als die theologische façon de parler noch mehr Mode war und man (nach F. A. LANGES treffendem Spott) das ungezwungenere Maskulinum „Gott" dem Femininum „Natur" oder dem Neutrum „das All" noch vorzog, liebte man es nach dem berühmten Vorgang der Kartesianischen Meditationen eben Gott als Bürgen der Wahrheit und so auch unserer Kausalerkenntnis beizuziehen, gerade wie der Okkasionalismus ihn für die inhaltliche Seite des kausalen Geschehens herbeschwor. Statt Instinkt der Natur hiess es dann (z. B. bei den obengenannten Schotten) göttliche Offenbarung, an der und ihrer Zuverlässigkeit zu zweifeln geradezu ein gottloser Frevel wäre. Nun, eine solche Berufung auf Gott, in welcher die mittelalterliche Denkrichtung noch nachklingt, ist wiegesagt nicht mehr im heutigen, so ganz nüchtern und profan gewordenen Geschmack. Und wenn ihr auch ohne Zweifel eine richtige Ahnung zu Grund liegt, die in anderer Form verwertet werden kann, ist sie allerdings, nur so populär theistisch in Bausch und Bogen vorgenommen, wissenschaftlich nicht zulässig. Man hält sie mit Recht für die Flucht in ein asylum ignorantiae oder kann ihr vorwerfen, dass sie Ein Rätsel durch ein mindestens ebenso dunkles zweites zu lösen suche.

Ob aber die Sache soviel besser ist, wenn wir mit etwas mehr moderner Bildung für Gott das Wort „Natur" setzen, wie vorhin im Sinne des heutigen Populärstandpunkts geschah? Eine Natur (oder auch ein All), der man überhaupt einmal etwas zutraut oder nicht zutrauen kann, scheint mir eben bereits etwas mehr als blosse Natur wenigstens im heutigen anti-idealistischen und antitheologischen Sinn dieses Worts und Begriffs zu sein. Wahrscheinlich ohne dass man sich dessen klar bewusst wird, wie meist in diesen Fragen, denkt man sie sich bei der Beilegung jener Prädikate bereits als eine wenn nicht schon ethische, so doch rationale Macht, kurz als Etwas, zwischen dem und einem göttlichen Wesen doch eigentlich kein grosser Unterschied mehr ist. Somit verfällt die obige beruhigende Berufung auf die Natur (und ihre „Wahrhaftigkeit", wie man dann vollends offen heraussagen sollte) demselben Vorwurf des Flüchtens in ein asylum ignorantiae. Ja, sie ist logisch betrachtet noch angreifbarer als die erstgenannte theologische Schweigung, sofern bei ihr der möglicher Weise verwertbare Hintergrundsgedanke der Rationalität entschieden schwächer mitklingt, als dies unwillkürlich für Jedermann bei der Nennung Gottes der Fall ist. Fällt aber dieser Hintergrund, so wird der Appell an die Natur und die ausnahmslose Allgemeinheit, mit der wir eben von Natur kausal denken und schliessen, zur einfachen Berufung auf die Thatsächlichkeit dieses Verhaltens. Das ist aber eine bedenkliche Logik, mit der wir auch beweisen könnten, dass das Böse gut sei. Denn es geschieht ja bekanntlich gleichfalls allgemein — ist also berechtigt! Wer kann diesem Schluss ausweichen, sobald er sich einmal darauf einlässt, dass Factum und Jus sich decken? Ein roher und tumultuarischer Naturalismus hat wirklich in bedenklicher Ausziehung spinozischer Gedanken schon so schliessen zu dürfen geglaubt, wenn er es auch selten mit der unverhüllten Nacktheit zu thun wagt, durch die sich z. B. der öde Materialismus der fünfziger Jahre unseres Jahrhunderts auch in diesem Stück auszeichnete. Nur gut, dass wenigstens in diesem Fall der unbedingte Einspruch des nicht verfälschbaren sittlichen Bewusstseins jeder solchen

Truglogik und Schlussfolgerung vom Sein auf das Sollen allemal rasch das Spiel legt, während für unseren nur theoretischen Zusammenhang, also für die Rechtfertigung des kausalen Denkens durch den Hinweis auf seine ausnahmslose Thatsächlichkeit der Schein des Genügens und Zureichens immerhin ein stärkerer ist und deshalb bald in dieser, bald in jener Wendung beständig wiederkehrt.

Denn auf dasselbe kommt es im Grund genommen heraus, wenn man, um alle bisher mitunterlaufende Oberflächlichkeit zu vermeiden, die Sache möglichst gründlich fasst und in der von uns schon früher gestreiften SCHOPENHAUER'schen Weise den Kausalgedanken sozusagen selbst zum Weltschöpfer macht. Dass uns überhaupt Dinge vorschweben, dass dem Subjekt ein Objekt gegenübersteht, ist hier Urthat der schliessenden Kausalität. Eine solche weltbildende Urthat aber ist dann offenbar ein Absolutes, das als solches ausser allem Streit und aller Möglichkeit der Anfechtung steht. Vielleicht, möchte ich hierauf erwidern, für den entschiedenen Optimisten, der unser Weltbild nicht mit einem Irrtum beginnen lassen will. Ob aber auch für den SCHOPENHAUER'schen Pessimismus? Ich meine, gerade er habe am wenigsten das Recht zu einer solchen Generalberuhigung, er der sonst so viel von Betrug der Natur oder vom Schleier der Maja zu reden weiss, welcher für die wichtigsten Fragen, z. B. für diejenige unserer eigenen selbständigen Persönlichkeit uns die Augen bedecke und Trug, nichts als Trug vorgaukle. Warum nun auf einmal hier bei der Kausalität die Vertrauensseligkeit? Oder vielmehr genauer zugesehen ertappt ja gerade SCHOPENHAUERS absoluter subjektiver Idealismus sie gleich an der Quelle bei einem Betrug, den sie uns hinsichtlich des Inhalts ihrer Leistung spielt. Denn Dinge von diskreter Art, eine bunte, wechselnde Vielheit, wie sie uns vorschwebt, giebt es ja in strenger metaphysischer Wahrheit gar nicht, für welche nur das ἓν καὶ πᾶν des All-Einen Weltwillens zu Recht besteht. Somit erweist sich das Urfaktum unseres kausalen Schliessens ehrlich gesagt als ein Ur-Irrtum und es ergiebt sich aus dem, was es leistet, das Gegenteil seiner Rechtfertigung, worauf es doch abgesehen war.

Lassen wir jedoch diese Form der Einwendung wieder fallen, sofern es sich bei ihr um eigenartige, von Anderen selten streng geteilte Vordersätze SCHOPENHAUERS handelt, so liegt auch für nichtpessimistische Standpunkte, die ihm wenigstens für die Kausalfrage gerne folgen möchten, in seiner Auffassung der Sache immer noch nichts Besseres vor, als der Schluss von dem Faktum, ob auch Urfaktum, auf das jus desselben. Er mag wiegesagt die tiefste und prinzipiellste Wendung einer solchen Argumentationsweise vorstellen und darum den krönenden Abschluss aller andern so oder so ausgedrückten, mehr oder weniger populären Beruhigungsversuche auf diesem Weg bilden. Befriedigen kann auch er uns nicht. Denn ich bleibe mit aller Hartnäckigkeit HUMES und KANTS dabei: Quaestio facti und quaestio juris sind und bleiben zweierlei!

Die letztere oder was dasselbe ist die Frage der ratio der Kausalität schwebt also noch immer. Sollten wir ihr nicht inallweg noch einmal näher treten? „Einmal ist keinmal", heisst es ja gerade bei unserem Problem so gern; deshalb wollen wir uns durch HUMES Misserfolg noch nicht endgültig entmutigen lassen. Denn zu hoch im Sinn von transcendent oder jenseitig liegt das Problem wahrlich nicht; sonst könnten wir es in der That mit gutem Gewissen auf sich beruhen lassen, wie z. B. die Frage der Unsterblichkeit oder gar diejenige nach dem Vorhandensein und etwaigen Aussehen von Engeln oder sonstigen übermenschlichen Vernunftwesen. Möge es sich mit Derartigem verhalten, wie es wolle, was geht das uns an, welche näher liegende Geschäfte zu treiben, brennendere Fragen zu beantworten und aufdringlichere Rätsel zu lösen haben! Aber eben genau unter diese letzteren gehört unsere Kausalfrage: sie liegt uns so nahe als nur irgend möglich, sie begegnet uns auf Schritt und Tritt, sie ist geradezu der Lebensnerv unseres theoretischen und praktischen Lebens. Die feste Zuversicht, am Kausalgesetz kein Irrlicht, sondern einen verlässlichen Leitstern bei der Ausfahrt in das weite Meer der wissenschaftlichen Fragen zu haben, diese Zuversicht bedingt alle Freudigkeit und unentwegte Ausdauer auf diesem Gebiet. Mag daher immerhin die Fachwissenschaft mit ihrem nach vorwärts zur Anwendung gerichteten Blick sich der weiteren Bemühung um das Prinzip ihres Forschens selbst ruhig entschlagen — für die Philosophie als geborene Prinzipienwissenschaft wäre es ein Skandal, wenn sie gerade mit diesem so weittragenden Prinzip nicht gründlich zurecht käme, sondern sich gleichfalls mit jenen obenhin beruhigenden Hausmitteln und summarischwohlgemeinten Schwichtigungen zufrieden gäbe.

Ganz so hat der zweite und noch grössere Klassiker des Kausalgedankens in der neueren Philosophie, hat unser KANT gefühlt und gedacht, als DAVID HUME insbesondere mit seiner Behandlung dieses Punkts „ihn aus dem dogmatischen Schlummer weckte" und zu erneuter tiefgründigster Inangriffnahme des ganzen zusammenhängenden Problemengebiets anspornte. Denn mit der „instabilis tellus, innabilis unda" der HUME'schen Skepsis wollte er mit allem Recht sich nicht bescheiden, sondern diesen „Standort", wenn man es überhaupt so heissen darf, nur als Durchgangs- und Orientierungspunkt für die Erlangung eines festeren Bodens betrachtet wissen. Was er hierin für unseren Gegenstand positiv geleistet, mag mehrfach namentlich in seiner eigenen Ausdrucksweise nicht vollständig genügen; insbesondere mag er, wie wir schon einleitend sagten, das Edelmetall zu sehr en bloc liefern und insofern der genaueren Ausführung ernstlich bedürfen. Darüber wird aber trotzdem kein Zweifel sein können, dass er den Grundgedanken und Hauptlinien nach allerdings für immer richtig gesehen, gerade wie sein schottischer Kollege den falschen Schein einfürallemal zerstört hat. Insofern haben namentlich auch KANTS Lehren gerade wie früher diejenigen HUMES neben der historischen zugleich eine bleibend systematische Bedeutung, welche es wieder rechtfertigt, wenn auch wir uns hier einen Augenblick mit ihnen beschäftigen.

Was an HUMES Ersatzversuch trotz aller Unbefriedigung des schliesslichen Ergebnisses unbedingt richtig ist und bei jeder erneuten Vornahme des Problems beibehalten und verwertet werden muss, das ist jedenfalls die grundsätzliche Wendung zum Subjekt. Wenn überhaupt irgendwo, so wird das Gesuchte hier sich finden oder es muss der Kausalgedanke des schlechthin notwendigen Zusammenhangs verschiedener Geschehnisse aus der Tiefe des Bewusstseins heraus seine wahre Rechtfertigung erhalten, die draussen in Ewigkeit vergeblich gesucht wird. Woher kommt es nun, dass der scharfsinnige schottische Psycholog dennoch mit allem Bohren und Graben keinen wirklichen Erfolg hatte, sondern nur Schein-Gold zu Tag förderte? Hat er vielleicht den Schacht nicht tief genug angelegt oder ist er ohne Bild gesprochen am Ende gar zu sehr nur Psycholog gewesen und darüber des Siegespreises verlustig gegangen? In den Einwendungen des natürlichen Kausalgefühls gegen seine Lösung regte sich bereits etwas derartiges. Immer drehte es sich um den Unterschied des psychologischen Erwartens und des logischen Schliessens, welch letzteres zwar als Funktion selbstverständlich auch in der Psyche vor sich geht, aber dennoch als Seelisches höherer Ordnung vom gemein Psychologischen ersten Grads wohl zu unterscheiden ist. Mag es den Empiriker, wie z. B. eben auch HUME, noch so sauer ankommen, diesen Unterschied einzuräumen, er kommt doch nicht daran vorbei und es wird ihm nie gelingen, das sog. Denken restlos in dem Urtypus des Seelischen erster Ordnung, in der gemeinen Assoziation der Ideen aufgehen zu lassen (sowenig als es ihm auf anderem Gebiet gelingt, das natürliche Müssen als völlig sich deckend mit dem moralischen Sollen zu erweisen). Ganz ähnlich wollte in der beruhigenden Berufung auf die Natur (oder Gott) als vertrauenswürdige Quelle unseres Kausalinstinkts wenigstens im unbewussten Hintergrund der Gedanke der ethischen oder theoretischen Rationalität als das wahrhaft Durchschlagende sich geltend machen. Und das ist er denn auch in der That. Suchen wir das jus oder die ratio des Kausalgedankens, so werden wir sie nirgends anders finden, als eben in der ratio als der höheren Blüte des Seelischen. Verlangen wir zum blossen psychologischen Factum unseres kausalen Schliessens die logische Berechtigung, so kann sie nirgends anders liegen, als in der Tiefe des λόγος oder der „reinen Vernunft". Hier ist erst die wahre Tiefe, wo es zugleich hell und licht ist, ganz anders als in dem dumpfen und dunklen βάθος des blossen Instinkts, mit dem sich Andre voreilig und allzugenügsam zufrieden geben wollten.

In diesem Sinn führt KANT seine ganze Untersuchung; und wir wissen es jetzt vollständig zu würdigen, warum er sich gegen nichts mehr verwahrt, als gegen eine Verwechselung seines Verfahrens und Analysierens mit einer psychologischen Untersuchung. Daran gerade war HUME gescheitert, und deshalb durfte die „Kritik der reinen Vernunft" nicht abermals zu einer blossen Psychologie des Verlaufs der Erkenntnis werden, sondern musste in ihrem Hauptteil eine möglichst tiefgründige („transcendentale") Logik, ich möchte beinahe sagen eine „Rechtslehre" der faktischen Erkenntnis in dem Sinn sein, dass genau jene uns fortwährend begegnende quaestio juris ihren Herzpunkt bildet.

KANT führt den Kausalgedanken als eine seiner zwölf Kategorien ein, die er in dem bekannten Anschluss an die logische Urteilstafel ziemlich summarisch aus letzterer herausanalysiert. An diesem Verfahren, welches uns hier sonst nichts weiter angeht, ist uns bloss das Eine sofort bemerkenswert, dass es die grundsätzliche Abneigung des Philosophen gegen eine psychologisch-genetische, auf diese Seite der Sache irgend näher eingehende Behandlungsweise der Frage zeigt und dagegen alsbald sein Lossteuern auf das Logische als die Hauptsache verrät. Zum Unterschied von den alten aristotelischen Kategorien mit ihrer wesentlich empirischen Auffindung und Verwendung nennt er seine Kategorien nun genauer „Stammbegriffe des reinen Verstands". Im Verstand, bezw. in der Vernunft als solcher, im Selbstbewusstsein oder der reinen Apperception haben sie ihre Wurzel und Heimat; sie sind mit Einem Wort das fundamentale Apriori auf dem Boden des Denkens, wie Raum und Zeit als reine Anschauungsformen auf dem Boden der Anschauung (des αἰσθάνεσθαι und in sofern der „Ästhetik"). Nur damit eignet ihnen und ihren Leistungen jenes Spezifikum ächter Wahrheit und vollbürtigen Wissens, nämlich Allgemeinheit (richtiger Allgemeingültigkeit) und Notwendigkeit, welche niemalen aus dem blossen Aposteriori herausgepresst werden können, sowenig als „ex pumice aqua". Ihre unbedingte Gültigkeit beruht eben darauf, dass ohne sie und ihr ordnendes Walten über dem Bewusstseinsstoff gar kein einheitliches Selbstbewusstsein oder anders ausgedrückt gar keine „Erfahrung" möglich wäre. Die Bedingungen der Möglichkeit der Erfahrung sind als solche Bedingungen der Möglichkeit des Seins, nämlich des Seins für uns, des Erfahrbaren. Diesen unter allen Umständen höchst gewichtigen Gedanken ist das „Allerheiligste" der Kritik d. r. V., die „transcendentale Deduktion der Kategorien" samt ihrer Fortsetzung (oder Wiederholung) in dem Abschnitt über die aus den Kategorien als Stammbegriffen sich entfaltenden Grundsätze des reinen Verstands gewidmet. Wie schon unter den Kategorien, so spielt unserem Philosophen auch unter jenen eben die Kausalfrage (in dem die naheverwandte Substanz- oder Dingfrage mitbehandelnden Abschnitt über die „Analogien der Erfahrung") die hervorragendste Rolle. Sie nennt er gewiss mit allem Recht stets in erster Linie oder braucht sie mehr wie irgend eine andere als Beispiel bei seinen mühsamen Erläuterungen und seinem Ringen nach Klarstellung dessen, was er mit jenen mächtigen Intuitionen eigentlich meint und will.

Indessen, so grossen Eindruck sie damals machten und es noch heute auf jeden ernstlich mitbohrenden Leser machen, dürfen wir dem unmittelbaren Gefühl des endlichen εὕρηκα denn doch nicht gar zu rasch nachgeben; wir dürfen nicht vorschnell meinen, bereits am Ziel zu sein, wenn uns auch eine innere Stimme sagt, dass dasselbe ohne Zweifel in dieser Richtung liege und liegen müsse, die KANTS Tiefsinn entdeckt hat. Denn so jedenfalls, wie jene Sätze speziell über die Kausalität vorliegen, so wie KANT selbst sowohl im Prinzip, als namentlich in der einigermassen näheren Ausführung seine Massivgedanken auf- und hinstellt, unterliegen sie unleugbar noch manchen schweren Bedenken. Oder jedenfalls geben sie in ihrer teilweise etwas sibyllinischen Orakelhaftigkeit zu allen Zeiten Anlass zu mehr oder weniger schweren Missverständnissen, durch die der wahre Kern unversehens wieder verloren zu gehen droht. Und nur um diesen ist es uns jetzt zu thun, um ihn systematisch zu verwenden, ohne dass wir dabei auch alle Vorder- oder Nebengedanken mit in den Kauf nehmen möchten, welche ihn bei KANT selbst z. B. als subjektiver Idealismus oder Phänomenalismus in einer gerade für den Kausalgedanken misslichen Art begleiten und umranken.

Meine Bedenken richten sich also teils gegen naheliegende falsche Deutungen, teils sogar gegen KANTS eigene Ansicht von der Sache (wenigstens im bewussten

Vordergrund abgesehen von tieferem Ahnen und eigentlichem Meinen im halbunbewussten Hintergrund). Und da möge denn jenes wie ein Machtwort gewaltig klingende „Apriori" voranstehen, das scheinbar aller Not des langen weiteren Suchens auf Einen Schlag ein Ende macht, indem es das Gesuchte auf den denkbar sichersten Boden, auf die Vernunft und das Selbstbewusstsein des Geistes selber gründet. Nun eignen diesem ohne jeden Zweifel gewisse Ur- und Grundfunktionen, die wirklich von Haus aus sein sind und mit denen er an alle Erfassung der Wirklichkeit herantritt, also sie nimmermehr erst als Geschenk aus ihr empfängt. Natürlich nicht so, wie freilich KANT selbst das Bessere meinend es unglücklich ausdrückt, dass jener Ur- und Stammbesitz apriori „bereit läge", fix und fertig, wie ein Werkzeug, das vor dem Gebrauch für seinen Besitzer ein interessanter Betrachtungsgegenstand wäre. Sondern sie sind selbstverständlich zunächst völlig latent, schlechthin ruhende Möglichkeiten, die erst im Augenblick der Anwendung herausspringen und sich erweisen. Und auch das zuerst ganz und gar instinktiv, bis erst später, bei den Meisten vielleicht niemals, eine ausdrückliche Reflexion sich auf sie „zurückbiegt" und das längst thatsächlich Geübte sich zum ausdrücklichen Bewusstsein (wohlbemerkt: nicht erst ins Bewusstsein) bringt, worauf es dann, einmal erfasst und gedacht, mit seiner in sich ruhenden Selbstverständlichkeit und logischen Notwendigkeit uns für immer feststeht. FICHTE nennt diese zweite Stufe gut ein „Sehen des Sehens". Man kann es meinetwegen gerne auch eine Vernunfterfahrung nennen, die das Subjekt in sich selbst macht — ein barock klingender Begriff, der aber nach dem Entwickelten sein gutes Recht hat und den oft etwas öden Streit um Erfahrung oder Nichterfahrung in solchen Fällen nebenbei als gegenstandslos ablehnen möchte.

So gewiss hiernach ein derartiges Ureigengeistiges anzunehmen ist, so ernstlich fragt es sich nun aber, ob auch der Kausalgedanke, um den es sich uns handelt, eben seiner eigentümlichen Natur, seinem ganzen Gehalt nach darunter zu rechnen, somit Kantisch gesprochen als eine apriorische Kategorie anzusehen sei. Dem Geist als solchem und von Haus aus angehörig können offenbar doch nur seine eigenen Grundverfahrungsweisen in ihrer strengen Gesetzmässigkeit sein, wie z. B. das Urteilen nach dem Gesetz des Widerspruchs oder des ausgeschlossenen Dritten und ähnliche Grundfunktionen, wie ich ebendeshalb zuerst vorsichtiger sagte statt Ur- und Stammbesitz, was bereits halb material klingt. Irgend ein materiales Wissen aber, und wäre es auch in ganz dumpf instinktiver Form, dürfen wir schlechterdings nicht dem Geist selber zuschreiben, sondern dieses erhält er durchweg erst auf dem Weg der Erfahrung. Das ist eine nachgerade allgemein anerkannte Grundwahrheit der nüchternen, bekanntlich eben von KANT herstammenden Erkenntnistheorie.

Wie steht es nun mit dem Kausalgedanken? Ist er formal oder material? Mit andern Worten: bezeichnet er nur wie obige Beispiele eine **subjektive Funktion**, eine Ordnungsweise innerhalb unseres Bewusstseins, kurz ein Denkgesetz, wenn mans auf den Begriff gebracht hat — oder aber ist er eine Annahme über **objektive Zusammenhänge**, über ein Verhalten der Dinge, über eine Gesetzmässigkeit des Geschehens selber? Ich zweifle nicht, dass das unbefangene Bewusstsein sich sofort für das Zweite entscheiden wird. Eine Kausalität, die nicht auf eigenen Füssen stünde, die sozusagen nur eine häusliche Angelegenheit des Subjekts wäre oder in der Gesetzmässigkeit aufginge, mit welcher dieses die zunächst chaotische Welt seiner Vorstellungen ordnete, eine solche Kausalität erkennt zu allen Zeiten so ziemlich Niemand als die von ihm gemeinte an, sondern erklärt sie rundweg für ein Quidproquo, das logische Gegenstück des früheren psychologischen bei HUME, sonst aber eigentlich um nichts besser.

Es ist nicht zu leugnen, dass eben dies der geschichtliche Sachverhalt bei KANT ist, wenn wir ihn nehmen, wie er sich gibt, und noch nicht mit starken Abänderungen etwas Anderes aus ihm machen, als nun einmal vorliegt. Darüber darf man sich keinen Täuschungen aus überschiessender Kantbegeisterung hingeben, wie das besonders E. VON HARTMANN in seiner „Grundlegung des transcendentalen Realismus" vielfach sehr treffend und überlieferungsfrei ausgeführt hat. Ebendeshalb ist auf der andern Seite zuzugeben, dass unsere obigen Einwände gegen die Zulässigkeit eines kausalen Apriori **vom Standpunkt der formellen Konsequenz aus betrachtet** KANT selber eigentlich nicht treffen. Denn bei ihm und seinem durch die vorausgehende „Ästhetik" gegebenen Phaenomenalismus ist wie alle andere Kategorienarbeit, so auch das kausale Ordnen und Denken in der That eine lediglich bewusstseinsimmanente Angelegenheit, ein kaleidoskopisches Spiel mit den (von der Anschauungsform der Zeit vorauspräparierten oder schematisierten) Bewusstseinsgebilden, nur natürlich ein ernsthaftes und streng gesetzmässiges Spiel und zwar der hyperindividuellen Vernunft, welch letzteren Punkt KANT freilich lange nicht deutlich genug hervorhebt, weil er das ihm selbstverständliche zu rasch auch für alle Leser als selbstverständlich annimmt. Der Kausalgedanke ist somit ein inneres Ordnungsprinzip, nicht sehr viel anders, als später der verwandte teleologische, welcher beileibe keine Aussage über die Sache wagt, sondern bloss ein heuristischer Forschungsgesichtspunkt genannt werden darf. Man wird einräumen müssen, dass bei einer solchen subjektivistischen Verdünnung beide Prinzipien, besonders also auch das erste immerhin zu apriorischen, dem Geist als solchem eignenden Gesetzen oder Funktionsweisen gemacht werden können, ohne diesem unter Verstoss gegen eine Hauptlehre eben der kritischen Erkenntnistheorie den Urbesitz einer materialen Wahrheit zuzuschreiben.

Aber der Preis, der für ein solches Apriori und seine weitere Verwertung gezahlt wird, ist zu hoch. Um den Kausalgedanken in dieser Weise zu einem apriorischen machen zu dürfen, müssen wir den Kausalgedanken dahingeben, müssen wiegesagt etwas völlig Anderes daraus machen, als sonst Jedermann an ihm zu haben verlangt. Jedermann jedenfalls, der noch einigermassen realistisch denkt. Und dies ist zumal in unserer Frage doch wohl zu allen Zeiten und so namentlich auch wieder heute trotz aller Verehrung für KANT und seine grossen Nachfolger die überwiegende Mehrzahl aller nüchtern Denkenden. Auf ihren Boden stelle auch ich mich bei dieser ganzen Kausaluntersuchung, ohne hier weiter auf die umfassendere Streitfrage des Idealismus und Realismus eingehen zu können oder zu wollen. Ebendamit aber steht gerade auch den bleibend wahren Vordersätzen des Kritizismus selbst das Ergebnis fest, dass der ächte Kausalgedanke als eine Annahme über das Verhalten des Objekts im Unterschied vom Subjekt kein apriorischer sein kann oder, setzen wir vorsichtiger gleich hinzu, jedenfalls nicht nur so direkt und in Bausch und Bogen, wie sich die Sache bei KANT ausnimmt, wenn auch höchst wahrscheinlich eine ganz richtige und zu verwertende Ahnung darin steckt. Denn es ist ja recht wohl möglich, dass diese wahre Ahnung mit KANTS Phänomenalismus, den wir nicht mitmachen können und bei dem die Kausalität aufhört, Kausalität zu sein, doch nicht so solidarisch verknüpft ist, dass sie nicht die Übertragung auch auf wesentlich realistischen Boden vertrüge.

Weniger Gewicht möchte ich auf ein zweites, immerhin einigermassen verwandtes Bedenken legen, das gegen das KANT'sche Apriori des Kausalgedankens ab und zu geltend gemacht wird. Man könnte sagen, dass dies Apriori doch eigentlich nur ein neues etwas vornehmeres Wort für den älteren, allmählig stark in Verruf gekommenen Ausdruck „angeboren" oder für die idea innata bei DESCARTES und Anderen sei. Entkleide man nun auch dasselbe (in der von uns oben angestreiften Weise) seiner alten hölzernen Form, als wäre es ein fix und fertiges Bewusstsein schon in der Wiege (gleich der Klapper und Saugflasche des Säuglings, wie LOCKE spottend bemerkt), so bleibe sich die Hauptsache doch gleich.

Warum lege man denn überhaupt einen solchen Wert auf dies „Angeborensein" oder „dem Geist von Haus aus eigen sein" oder wie es sonst schliesslich nur in verschiedenen Worten ausgedrückt werde, warum anders, als weil man meine, damit die Bürgschaft für den höheren Wert, deutlicher gesagt für die unanfechtbare Wahrheit der betreffenden Punkte (von ethischreligiöser oder auch logischer Art) zu besitzen? Was sei dies aber Besseres, als jene von uns selbst sattsam aufgedeckte Verwechselung des psychologisch Thatsächlichen mit dem logisch Berechtigten, eine Verwechselung, die gipfelte in der prinzipiellen Fassung SCHOPENHAUERS, wornach das kausale Denken und Schliessen Urthat des Subjekts und damit selbstverständlich berechtigt sein soll?

Ob es nun wohl gerecht ist, diese Verwechselung auch KANT nur so ohne weiteres zuzutrauen, ihm, der doch sonst ein so feines Verständnis für die Auseinanderhaltung von Beidem zeigt? Ob es gerecht ist, ihn so zu verstehen, als betone er nur mit einem neuen sprachlichen Gewand sein Apriori genau im Sinn des alten „Angeborenseins" und wolle also gleichfalls aus dem Psychologisch-Genetischen sofort logisches Kapital schlagen oder aus dem „Vonjeherdasein" schliessen auf den unbedingt höheren Wert des Betreffenden? Ich glaube im Wesentlichen diese Frage verneinen zu dürfen. Allerdings hätte unser Philosoph hier wie so oft erheblich deutlicher reden sollen; denn die blosse Wahl eines neuen Worts, wenn sie auch sicherlich in richtiger Absicht geschah, war für die Mehrzahl der Leser bis heutigen Tags noch lange nicht genug und bewahrte sie nicht vor dem Hinübergleiten in das scheinbar gleichwertige der idea innata. Ja noch mehr! Wie mir vorkommt, hat wenigstens ab und zu ein solches vorübergehendes Hinübergleiten bei KANT selbst stattgefunden, was die vorausgehende Lehre von der Apriorität der Raum- und Zeitanschauung sichtlich begünstigte. Denn bei dieser handelte es sich allerdings schliesslich um eine psychologische Urthatsächlichkeit, aus der die unbedingte Einfassung aller möglichen Empfindungen unter die Urformen der Anschauung sofort sich ergab, ohne dass es nötig gewesen wäre, schon hier nach einem höheren rechtfertigenden Wert sich umzusehen. Das scheint nun wirklich auch bei der Behandlung der apriorischen Denkformen und ihrer Deduktion zuweilen nachzuwirken.

In der Hauptsache jedoch gebe ich gerne zu, dass KANTS wahre Absicht im letzteren Fall darjenige war, was eine feinere neuere Logik und Erkenntnistheorie mit dem Unterschied des psychologischen und logischen Apriori sagen will. Nicht irgend welche Genesis oder also das Vorhandensein von Anfang an ob auch als Keim, in diesem Sinn nicht das psychologische Apriori entscheidet, sondern nur der höhere Wert als solcher, die logische Notwendigkeit, mit der etwas gedacht wird ganz abgesehen von aller gar nicht hergehörigen Zeit seines Gedachtwerdens. Dies wäre das Apriori im logischen Sinn, identisch mit der zu irgend einer Zeit aufgehenden Selbstevidenz und unabweislichen Rationalität einer Annahme, bezw. eines Urteils. Damit, dass wir letzteres ohne Zweifel für KANTS Herzpunkt und wahre Meinung in der Sache halten dürfen, fällt der obige Einwand einer auch ihm begegneten Verwechselung zusammen. Die apriorische Kategorie und so auch die der Kausalität gilt ihm um ihres vernünftigen Selbstwerts willen, mag sie im Übrigen geworden sein, wie und wann sie will; sie hat mit einem früheren Bild gesprochen Fixsternnatur, während das Aposteriori den qualitativen Mangel an sich trägt, nicht selbsteinleuchtend und darum auch nie „une fois pour toutes" gewiss zu sein, wie es bei LEIBNIZ ausgedrückt wird.

Natürlich kann aber dies nicht schon das Ganze, nicht das letzte Wort über den Kausalgedanken sein, weder für KANT, noch für unsere umbildende Verwertung. Denn nachdem wir soeben selbst durch die richtige Deutung des Apriori den vorübergehenden Schein einer psychologisch-genetischen Rechtfertigung jenes Gedankens auch bei KANT zerstört haben, wäre es im Punkt des fraglichen jus ohne Zweifel eine etwas gar zu magere Weisheit, was nach Abweisung jenes Scheins zunächst übrig bleibt, nämlich kurzweg zu sagen: Der Kausalgedanke ist nun einmal das Selbstverständliche; wem das nicht einleuchtet, mit dem können wir nicht mehr weiter verhandeln; er hat, wie ein neuerer Darsteller dieser Sache einmal sich ausdrückt, eben ein Brett vor dem Kopf. Nein, so brutal will denn doch KANT selbst das richtig verstandene Apriori oder die Kategorie Niemand an den Kopf geworfen haben, wie der junge David seinen Schleuderstein dem Riesen Goliath. Dafür war namentlich die vorangegangene Anfechtung durch HUME viel zu bedeutend, als dass die Sache mit einem ob auch hochlogischen Machtspruch in vornehmem Ton, durch das Glanzwort Kategorie oder Apriori im Sinn der Selbstevidenz wie durch einen Alles niederwerfenden Zauberspruch abgethan werden könnte.

Wie lebhaft KANT das seinerseits fühlt, sehen wir an dem zweimal ansetzenden gewaltigen Ringen, eine „transcendentale Deduktion" der reinen Verstandesbegriffe zu leisten d. h. eben den durch die Behauptung des Apriori noch lange nicht gegebenen Rechtsgrund derselben und ihrer denkenden Verwendung aus den tiefsten Schächten der reinen Vernunft bohrend heraufzuholen. Wir nannten diesen Abschnitt das Allerheiligste der Kr. d. r. V., über welchem freilich, wie es bei derlei Orten zu sein pflegt, ein dicker Vorhang hängt, d. h. es ist die weitaus dornigste Partie des auch sonst sattsam schwierigen Werks. Im Einzelnen auf sie einzugehen ist hier natürlich nicht der Ort, so sehr gerade sie eine abermalige, wirklich gründliche und nicht immer bloss paraphrasierende Behandlung brauchen könnte. Für meinen Zweck hebe ich nur die oben schon genannten Hauptpunkte heraus, um sie kritisch zu beleuchten und darauf anzusehen, ob und inwieweit sie sich uns als sachlich brauchbar und förderlich erweisen, was wir an ihnen abthun müssen und was verwerten können.

Zweck und Grundgedanke der transcendentalen Deduktion (samt ihrer nachherigen Fortsetzung zu den Grundsätzen des reinen Verstands), ist auf den kürzesten Ausdruck gebracht der, dass gezeigt werden soll, wie ohne das Ordnungstiften der Kategorien und besonders der Kausalität im wirren und bunten Chaos des Gegebenen kein einheitliches Selbstbewusstsein oder anders ausgedrückt keine Erfahrung möglich sei. Beginnen wir mit der ersteren Formel, welche mir bis heutigen Tags wenigstens in der deutschen, an KANT sich anschliessenden Philosophie gerade bei unserer Kausalfrage vielfach etwas gar zu summarisch fortgeführt zu werden scheint. Bei ihr fragt sich nämlich sofort, wessen Selbstbewusstsein damit eigentlich gemeint sein soll, ob das des empirischen Individuums oder dasjenige irgend eines Andern, bezw. ein Selbstbewusstsein in anderer als individueller Form. Oder richtiger gesagt kommt man auf diese Frage bei KANT nicht sofort, sondern erst im Verlauf und zum Schluss. Denn wenn man die Sätze des Philosophen (z. B. besonders K. d. r. V. S. 129 f.) unbefangen liest, so kann man zunächst an gar nichts anderes denken, als wirklich an das individuelle Bewusstsein und Selbstbewusstsein. Das „Ich denke" muss alle meine Vorstellungen begleiten können, damit sie überhaupt meine Vorstellungen sind (129). Ich muss das Mannigfaltige der Vorstellungen in Einem Bewusstsein begreifen können (wozu oben die Kategorialordnung Bedingung ist); sonst würde ich ein so vielfärbiges verschiedenes Selbst haben, als ich Vorstellungen habe, deren ich mir bewusst bin (130). Diese und ähnliche Wendungen kehren fortwährend wieder und reden so wie sie lauten doch wohl unzweideutig genug eben vom individuellen Ich oder Selbstbewusstsein.

Hat das aber sachlich einen Sinn und schiesst nicht vielmehr in bester Absicht fast unbegreiflich weit über das Ziel hinaus? Allzu scharf macht schartig! Nehmen wir gleich den Kausalgedanken als wichtigste Kategorie, ob nun im

Kantischen oder in unserem realistischen Sinn. Ist es da wirklich so, dass wir von Etwas überhaupt gar kein Bewusstsein hätten, wenn wir es nicht in kausaler Verknüpfung des Mannigfaltigen zu bewältigen vermögen? Ist es so, dass wir gegenüber von einem kausal oder sonst kategorial noch nicht Durchdrungenen fassungslos würden, kein einheitliches Selbstbewusstsein mehr zu Stande brächten oder ein so vielfärbiges Selbst hätten, als uns unverbundene Vorstellungen gegeben wären? Das wäre ja eine gar fatale Sache, kaum verschieden von manchen Sorten der Geisteskrankheit oder Verrücktheit, wo mehrerlei Iche neben- oder nacheinander auftreten. Und doch war jenes Stehen vor einem denkend noch in keiner Weise Bewältigten die Lage der Menschheit Jahrtausende lang und ist es noch jetzt für die allermeisten. Ja sogar für den gelehrtesten Forscher bleibt das Verhältnis des Aufgehellten zu dem noch Dunklen und Rätselhaften immer ein sehr ungünstiges! Aber darum wahrlich kein vielfärbiges Selbst, keine Verrückung aus dem sicher in sich ruhenden Centrum des Selbstbewusstseins, bezw. Selbstgefühls. Das Unverstandene kann uns in anderer Hinsicht stören und anstössig sein, wodurch wir gespornt werden, der Sache näher nachzugehen. Aber von einer Störung unseres Selbstbewusstseins, von einem Stoss, der uns aus der Fassung brächte und sozusagen verrückt machte, wird doch wohl Niemand reden. Die Zahl derer, die ob den Rätseln der Welt und nicht aus andern Gründen verrückt geworden sind, ist sicherlich eine sehr geringe, wenn überhaupt je einmal Einer über nur theoretischen Rätseln als solchen den Verstand verloren hat.

Das wusste nun natürlich KANT Alles so gut wie wir. Wenn er dennoch im Eifer der Sache und im begrifflichen Drang einer höchst schwierigen Gedankenarbeit so merkwürdig redete, dass wir (wie übrigens auch unbefangene Andere, z. B. LOTZE) derartige seltsame Folgerungen daraus ziehen können und müssen, so vermag ich mir das in der That nur durch eine ihm sich unterschiebende Verwechselung zu erklären. Was er in Wahrheit meint und schaut (FICHTE nennt das öfters „den heiligen Geist in dem empirischen KANT"), das ist trotz allem Wortlaut sicherlich n i c h t das empirische Ich und individuelle Selbstbewusstsein, sondern ein „Bewusstsein überhaupt", von dem er auch zuweilen redet, eine hyperindividuelle Vernunft und nicht das vernünftige Seelenleben des individuellen Vernunftpunkts. Insofern ist das bekannte Schillern und Schweben des Ich bei seinem Nachfolger FICHTE, dessen Oscillieren zwischen absolut und empirisch bereits von seinem Vorgänger in diesem wichtigen Zusammenhang eröffnet, was man mir selten zu beachten scheint, vollends seit es Mode geworden ist, zwischen diesen beiden Philosophen einen mehr als dicken Trennungsstrich zu machen. — Damit hängt sofort ein Weiteres zusammen. Auf das individuelle Ich angewandt nimmt die ganze Deduktion unwillkürlich eine stark psychologische Färbung an, daher wir konsequenzenziehend mit Beispielen aus der Psychiatrie kommen konnten. Gemeint aber ist auch hier mit dem Selbstbewusstsein oder der Apperzeption und ihrem Grundzug der Einheit oder systematischen Ordnung gewiss vor Allem das Logische, die an sich seiende Vernunftverbundenheit des Denkbaren — ein hoch bedeutsamer Gedanke, den wir deshalb schon an die Spitze unserer Untersuchung stellten und in Verwertung des im Verlauf noch genauer angetroffenen Kantischen Edelmetalls zum Schluss ausgiebig anwenden werden. Es sei dies sogleich als Gegengewicht gegen die dermalige, scheinbar nur negativkritische Besprechung des kritischen Meisters und seiner einschlägigen Lehren bemerkt.

Immer noch um etwas, aber doch weit weniger stark scheint er mir mit der anderen Hauptwendung über das Ziel zu schiessen, dass ohne die Kategorien keine „Erfahrung" möglich wäre. Diese Wendung ist zugleich die Mutter für bedeutsame heutige Anschauungsweisen in unserer Frage und führt uns dem sachlichen Ziel erheblich näher, indem bei ihr die richtige Ahnung der vorigen, unmittelbar genommen so sichtlich unhaltbaren Ausdrucksweise bereits deutlicher heraustritt. Inwiefern das? könnte man allerdings im ersten Augenblick fragen. Ist nicht Erfahrung ganz dasselbe, wie Aufnahme ins Bewusstsein, somit die Behauptung von der Unmöglichkeit der Erfahrung ohne die Bedingung der Kategorien völlig gleich mit der vorigen von der Unmöglichkeit eines normalen Bewusstseins ohne sie? Ehrlichgesagt trifft dieser Einwand einen formell sehr wunden Punkt an der Darstellungsform unseres grossen Philosophen, mit dem man bei ihm überhaupt und mehr als einmal zu rechnen hat, ich meine die grosse Sorglosigkeit hinsichtlich einer bestimmten und unzweideutig festgehaltenen Terminologie. Ein klassisches Beispiel hiefür gerade zu dem Begriff und Wort Erfahrung ist sogleich der Eingang der K. d. r. V. (zweite Auflage) S. 35. Hier tritt in dem grundlegenden Satz von bloss zehn Zeilen die Erfahrung ohne alles Weitere in zweierlei ganz verschiedenen Bedeutungen auf, welche jedenfalls den gewöhnlichen Leser sofort auf der Schwelle verwirrt machen müssen! Eine genauere Kenntnis KANTS weiss damit natürlich zurechtzukommen, wenn sie auch allerdings eine solche vermeidbare Behelligung des Lesers und Erschwerung des Verständnisses nicht billigen kann. Sie weiss aus dem sonstigen Zusammenhang, besonders deutlich aus der Unterscheidung der erläuternden „Prolegomena" zwischen Wahrnehmungs- und Erfahrungsurteilen, dass KANT das Wort Erfahrung teils im ganz gewöhnlichen und alltäglichen Sinn von Bewusstwerden überhaupt, teils aber in einem beträchtlich gehobenen Sinn nimmt und alsdann mit ihr die denkende Durchdringung, die wissenschaftliche Beherrschung des Gegebenen, seine Zurückführung auf ein zuverlässiges, die Vorausberechnung ermöglichendes Gesetz meint. In der letzteren Bedeutung ist es hier zu verstehen, wenn er erklärt, dass ohne die Kategorien, insonderheit die kausale keine Erfahrung, also kurzgesagt keine Wissenschaft wenigstens auf dem Gebiet des Natürlichen, oder wie er es selbst etwas abweichend vom sonstigen Sprachgebrauch nennt, keine „Naturwissenschaft" möglich sei.

Einige heutige hervorragende Kantianer, die ich hier gleich mit dem Meister zusammennehmen kann, gehen noch weiter als er, wenn sie sagen, dass „mit der Kausalleugnung jede Möglichkeit des Denkens aufgehoben wäre; wir müssen also zwischen allem Denkbaren oder was dasselbe ist zwischen allem Wirklichen einen solchen Kausalzusammenhang annehmen". Bei derartigen Sätzen ist jedoch das starke Ueberschiessen handgreiflich. Denn es geht wahrlich nicht an, das Denkbare nur so im Handumdrehen mit dem Wirklichen gleichzusetzen, womit sich wenigstens die Neigung verbindet, in dem Satz vom Grund allzuschnell das Kausalgesetz schon mitenthalten zu sehen. Jener greift aber offenbar viel weiter und würde daher ein ganz vernünftiges und wertvolles Denken auf gewissen Gebieten noch immer offen lassen oder ermöglichen, auch wenn es kein Kausalgesetz gäbe. Hierin war KANT selbst vorsichtiger; denn er dachte z. B. an die Mathematik, von deren Sicherung durch seine Ästhetik er eben herkam und mit welcher die Kausalität bekanntlich unmittelbar nichts zu schaffen hat. Nur wollte er jetzt fürs Zweite auch die weitere Frage apriorisch oder transcendental beantworten: Wie ist, entsprechend der gesicherten Mathematik, nunmehr auch reine Naturwissenschaft möglich, oder wodurch ist auf dem Gebiet des Empirischen „Erfahrung" in jenem höheren Sinn als erreichbar verbürgt?

Ohne Zweifel wäre aber hier ihm gegenüber die eigensinnige Gegenfrage möglich: Muss denn überhaupt Erfahrung sein, muss denn auch die uns gegebene Welt des Empirischen oder der Erscheinungen vom Denken und Forschen durchdrungen werden können? Denn die Berufung auf das thatsächliche Gelingen in vielen sich immer mehrenden Fällen würde der Philosoph nach allem Früheren hartnäckig als Zirkelschluss abweisen und ihm jedenfalls an der Spitze keinerlei irgend durchschlagende Beweiskraft zugestehen, so wertvoll es als hintendreinkommende Bestätigung sein mag. Könnte es nicht ganz wohl so sein, dass wir uns für unseren Trieb oder Wunsch des Denkens mit derjenigen Befriedigung bescheiden müssten, welche auf apriorisch nichtempirischem Boden eben die Mathematik und Verwandtes gewährt? Denn dass überhaupt und auf gar keinem Gebiet ein Denken möglich sei, mag allerdings ins Sinnlose zuweitgehen, obwohl strenggenommen selbst dies nicht denkunmöglich ist! Aber lassen wir das, um nicht übergenau und allzuspitzig zu werden, freuen wir uns der in sich selbstevident ruhenden Mathematik und der Denkmöglichkeit in ihr. Dagegen ist die übrige Welt, Fichtisch ausgedrückt die Welt des Nicht-Ich, am Ende von Haus gar nicht zum Erkanntwerden bestimmt; es genügt, wenn wir sie einfach anschauend auffassen als ein auch dann noch recht merkwürdiges Schauspiel und Thatsachentheater, hinter dessen Koulissen, wenn überhaupt welche da sind, wir gar nicht zu kommen brauchen. Dass nämlich der Mensch auch so ganz gut leben, in Lust und Schmerz, in Freud und Leid, in Kämpfen und Ringen einen recht bedeutsamen Inhalt seines Daseins besitzen kann, das lehren uns eben jene durchaus nicht gehaltlosen Jahrhunderte der Geschichte, wo es noch kein irgend nennenswertes Naturwissen gab, das lehren uns noch heute die Tausende und Abertausende von Menschen, welche ausserhalb seines Lichtkreises stehen, um von den Tieren ganz zu schweigen, welche ohne Kausalgesetz mit ihren Assoziationen praktisch recht wohl durchkommen. „Primum vivere, deinde philosophari" sagt in seiner hämischen Weise SCHOPENHAUER so oft. Und in der That lebt und webt ein überwiegend grosser Teil der Menschheit ohne Wissenschaft, welche vielleicht doch bloss von ihren Vertretern in Verwechselung des subjektiven pretium affectionis mit dem pretium der Sache für die conditio sine qua non des Menschseins ausgegeben wird.

Sagt man also in unserem Fall nur so schlechthin: Die Kategorien, insbesondere das Kausalgesetz sind erkenntnisnotwendig, so steckt darin ein Zirkel oder eine irreführende Zweideutigkeit, die bei dem von uns absichtlich vermiedenen Gebrauch des allgemeineren Begriffs „denknotwendig" noch stärker zu wirken pflegt. Kategoriale Ordnung, das wollen wir recht gerne zugeben, ist notwendig zur Erkenntnis oder notwendig, wenn überhaupt Erkenntnis (der Gebiete, für welche jene passt) sein soll. Aber dass Erkenntnis und namentlich solche von irgend umfassenderer, womöglich allumfassender Art selbst sein müsse, das wäre seinerseits erst darzuthun. Mit allem Bisherigen ist es in der That noch nicht erwiesen; wenigstens begnügte man sich stets mit einem mehr oder weniger dunklen, ob auch sicheren Gefühl, dass es allerdings so sei und dass jede andre Annahme wenn auch schliesslich formell verstandesmässig möglich so doch in hohem Grad verkünstelt, unnatürlich und materiell unvernünftig erscheine. Dies Vernunftgefühl gilt es endlich klar und bestimmt auf den Begriff zu bringen. Ist dann das Allgemeinere einer Notwendigkeit der Erkenntnis als solcher wirklich gesichert, so wird sich vollends leicht die Anwendung auf unser Kausalgesetz als eine ihrer Hauptbedingungen ergeben.

Eben in die von KANT selbst unleugbar noch gelassene Lücke am gegenwärtigen Punkt — denn die berühmte andere, über welche die Gelehrten vor ein paar Jahrzehnten sich bitter herumstritten, vermag ich nicht zuzugeben — tritt nun in unseren Tagen eine interessante, auch in anderer Hinsicht mannigfach beachtenswerte Richtung, die ich kurz die ethisierende in der Psychologie und Logik nennen möchte. Sie bildet den inallweg berechtigten Gegendruck gegen einen einseitigen Intellektualismus, wie er der Philosophie von Haus aus einigermassen anheliegt und deswegen zu verschiedenen Zeiten schon das Wort geführt hat. Man denke z. B. nur an SPINOZA, der auf dem Punkt steht, das Wollen und Nichtwollen in das bejahende und verneinende Urteil aufzulösen oder die servitus und libertas humana mit der idea inadaequata und adaequata so gut wie zusammenfallen zu lassen. Gerade umgekehrt regt sich in der neueren Logik der Versuch, eben das Urteil, die Grundfunktion des Denkens, in etwas wesentlich Praktisches zu verwandeln und jedenfalls seinen Herzpunkt, die Zustimmung oder den logischen Glauben für eine Art von Willensthat zu erklären. Ueberhaupt aber geht diese von recht namhaften Vertretern gepflegte Richtung darauf aus, dem bisher vielfach stark vernachlässigten Wollen zu seinem Recht zu verhelfen und zu zeigen, wie es nicht etwa bloss eine dritte hintendrein hinkende, häufig auch gar nicht zu Stand kommende Stufe in unserem Seelenleben neben Theorie und Gefühl bilde, sondern wie es von Anfang an sogar eher beherrschend auftrete, z. B. in Form des alle Auswahl im Vorstellungsablauf bestimmenden Interesses mitdabei sei und sehr gewichtig dreinspreche.

Unter diesem Gesichtspunkt sei denn auch die höchste Form der sogenannten theoretischen Funktion, das Denken, zu betrachten als durch und durch vom Wollen getränkt, so dass man geradezu sagen müsse: Alles ächte und gerechte Denken ist Denkenwollen (wie dies gelegentlich bemerkt namentlich schon ROTHE in seiner geistvollen Ethik betont). Indem aber das Wollen den Kardinalbegriff der Ethik bildet, reicht hiemit sozusagen die Ethik hilfreich der Logik als ihrer Schwester die Hand zum Bund und zum Lösen der Rätsel viribus unitis. Dies gilt sofort namentlich von dem uns beschäftigenden logischen Generalrätsel der Erkenntnis überhaupt. Was die kalte Theorie uns bisher spröd und hartnäckig verweigerte, das bietet uns unverhofft die warme Hand der Praxis oder Ethik. Wir sehen in ihrem Licht, dass die Erkenntnis als Aufgabe des genus humanum unsere Pflicht oder wenigstens ein Teil, eine Seite unserer sittlichen Gesamtpflicht ist. Und so haben wir endlich unbedingt festen Boden unter den Füssen; denn etwas Festeres und Gewisseres als die Pflicht giebt es bekanntlich nicht; sie ist ein kategorischer, alles Weiterfragen verbietender Imperativ. Ist aber die Erkenntnis unsere Pflicht oder ein Seinsollendes, so gilt von ihr alsbald in der bekannten knappen und doch so schlagenden Formel: du kannst, denn du sollst! Die Bedingungen der Möglichkeit unserer Pflichterfüllung sind ebendamit gesichert. Sie als gegeben anzunehmen haben wir weil die Pflicht so auch das unumstössliche Recht. Eine der wichtigsten darunter, wo nicht genauer zugesehen die alle andern in sich befassende Generalbedingung ist, wie wir hypothetisch schon längst wissen, unser Kausalgesetz. Also ist auch dieses nunmehr glücklich im Hafen und steht frei von aller Hypothetik kategorisch fest.

Niemand wird leugnen können, dass diese ethisierende Wendung der Sache ein eigenartiges Gesicht hat und sich namentlich durch entschlossene Klarheit und Greifbarkeit ihrer Schritte sehr vorteilhaft vor der sonstigen Vagheit und nebelhaften Unbestimmtheit auszeichnet, welche hier so häufig als Instinkt oder Gefühl oder was sonst ihr Spiel treibt. Zugleich ergab sich im Verlauf immer deutlicher und liess ich das absichtlich in meinen Formulierungen schon durchblicken, dass eine solche Ausfüllung der von Kant offengelassenen Lücke sich in ihrem Aussehen doch zugleich ächt kantisch präsentiert und eigentlich nur wie die Ausziehung seiner eigenen anderweitigen Vordersätze klingt. So könnte man sagen, dass der grosse Königsberger durch sich selbst ergänzt und verbessert werde, weil er zu reich und tiefgründig sei, um eines fremden Zusatzes zu bedürfen. Denn klar ist ja, dass die ganze Abbiegung zur Ethik in der Philosophie wie nicht minder in der bekannten theologischen Richtung unserer Tage bloss ein Spezialfall des allgemeinen Rückgangs auf Kant ist, der die Losung noch immer bildet. Es ist der von ihm im Allgemeinen proklamierte Primat der praktischen Vernunft, welcher hier wieder zum Wort kommt, nachdem besonders der Hegel'sche Panlogismus der Idee ihn eine Zeit lang zurückgedrängt hatte, so dass auch Schopenhauer mit seinem in seiner Art bereits auf Kant zurückgreifenden

„stat pro ratione voluntas" daneben noch nicht durchdringen konnte. Mit diesem Primat der praktischen Vernunft wird jetzt namentlich in einer theoretischen Hauptfrage ernstlich operiert, auf die ihn KANT selbst noch nicht angewandt hatte, so nahe man denken sollte, dass ihm das gelegen gewesen wäre. Denn in einer Weise, die mit dem Ethizismus von heute fast wörtlich stimmt, weiss er ja sonst Theoretisches und Praktisches in fruchtbare Beziehung zu setzen. Ich meine natürlich die Art, wie er die theoretisch unerweislichen drei metaphysischen Aufstellungen Gott, Freiheit und Unsterblichkeit praktisch wieder zu Ehren bringt, indem er sie als Postulate oder Sache des moralischen Glaubens behandelt, genau wie wir vorhin die Erkenntnismöglichkeit als praktisch-theoretisches Postulat kennen lernten.

Und dennoch möchte ich zweifeln, ob KANT selbst der Einladung zu dieser (wirklichen oder vermeintlichen) Konsequenz seiner sonstigen Sätze gefolgt wäre, würde sie an ihn ergangen sein. Ich möchte mit anderen Worten glauben, dass er in dem heissen Drang seiner transcendentalen Deduktion, wo ihm ein solcher Rettungsanker hätte recht willkommen sein müssen, nicht aus Übersehen obige Wendung zum Praktischen versäumt hat, sondern dass er sie hier gar nicht machen wollte. Denn ein anderes sind eben doch jene transcendenten Annahmen, bei denen man froh sein muss, wenn überhaupt eine leidliche Brücke zu ihnen führt, mag gleich deren Material nicht so recht aus Einem Gusse sein. Ein anderes ist die lediglich immanente Erkenntnis (oder „Naturwissenschaft"), ist der so gar nicht transcendente Kausalbegriff. Ihnen sollte man denn doch mit ihren nüchternen eigenen, d. h. rein theoretischen Mitteln beikommen können, ohne eine Anleihe auf fremdem Gebiet zu machen. So kräftig auch das Ethische bei KANT entwickelt ist, so sehr ist er zugleich der „reinliche Schiedsmann", der auf das säuberliche Sondern des zu Unterscheidenden, auf das gerechte Suum cuique! überall bedacht ist und ungern die Grenzen ineinander fliessen lässt. Ausserdem ist er entschieden viel spekulativer, als man ihn namentlich heutigen Tags meist schätzt, indem man ihn zu stark von seinen kühnen Nachfolgern trennt. Und so habe ich abschliessend wirklich den Eindruck, dass es auch ihm um die θεωρία leid gethan hätte, sie in ihrer eigensten und innersten Angelegenheit gewissermassen mundtot gemacht und auf den tröstenden Beistand der Schwester angewiesen zu sehen — sozusagen als ancilla pedisequa wenn auch nicht mehr der Theologie wie früher, so doch jetzt wenigstens der Ethik.

Mag es sich übrigens mit KANT selbst geschichtlich verhalten wie ihm wolle — denn fragen können wir ihn ja nicht mehr — so kann ich jedenfalls vom systematischen Standpunkt aus das Bedenken nicht unterdrücken, dass jene ethische Wendung in der Erkenntnis- und Kausalfrage eben doch eine gewisse μετάβασις εἰς ἄλλο γένος sei oder einer Flucht nicht so ganz unähnlich sehe, also einen gewissen Notbehelf vorstelle, den wir uns lieber ersparen wollen, solange es nur irgend möglich ist.

Zeigt sich denn aber irgendwo eine solche Möglichkeit? Ich glaube das in der That und werde versuchen, den obigen praktischen Beweis für die Notwendigkeit der Erkenntnis doch wieder mehr ins Theoretische umzugiessen, wo er seiner Natur nach hingehört. Mehr ins Theoretische — damit deute ich an, dass mir ein Kompromiss vorschwebt, der seinen letzten Standort über beiden Parteien nimmt. Denn das ist ja bei den Vertretern der ethisierenden Ansicht gewiss vollkommen richtig, dass sie, um etwas so Wichtiges wie das Kausalgesetz (zumal in seiner umfassenden Ausdehnung) zu sichern, nach KANTS eigenem Beispiel hoch greifen, dass sie es als Folgerung einem allgemeineren Hintergrund einzufügen bemüht sind und ihren Anker in einem Absoluten, unbedingt Festen werfen. Sie sehen ihn in dem Kategorischen der Pflicht, nur dass sie dann sogleich auch etwas genauer zeigen sollten, inwiefern eigentlich Erkenntnis und Wissenschaft Pflicht im ächt ethischen Sinn des Worts sei. Sowas versteht sich immerhin von selbst auf dem Boden der Spinozischen oder Schleiermacherschen Quasi-Ethik, die in Wahrheit Philosophie der Kultur, bezw. deskriptive praktische Anthropologie genannt werden sollte. Aber nicht so von selbst versteht es sich für die wahre imperative Ethik und ihren unverbildeten Pflichtbegriff, eine Behandlungsweise dieser Disziplin, wie sie gerade durch die starke Parallelisierung mit der gleichfalls imperativen Normwissenschaft Logik als die einzig richtige sich ergiebt. Hier könnte immerhin zunächst das Bedenken laut werden, das LOTZE einmal (Mikrok.[2] I, VII) äussert, wenn er sagt: „Welche Pflicht hat der denkende Geist, ein Spiegel dessen zu sein, das nicht denkt, öde Wiederholung des Seienden im Bewusstsein"? — Doch lassen wir das, sofern ja allerdings mit verschiedenen Zwischengedanken auch die Wissenschaft als menschheitliche Pflicht zu erweisen sein wird. Aber eben die Notwendigkeit solcher Zwischengedanken legt es nahe, den Einen Begriff nicht nur so ohne Weiteres mit dem andern zu verknüpfen, sondern sich nach einem Höheren über beiden umzusehen, aus dem sie koordiniert entspringen.

Was wäre nun dieses Höhere oder alsdann sicherlich Höchste, an welchem mit KANTS Formel zur ursprünglichsynthetischen Einheit der Apperzeption gesprochen Alles hängt? Ich sage einfach: die noch ungeteilt theoretisch-praktischwertfühlende Vernunft, kurz die Vernunft als solche, ehe sie sich noch differenziert hat. Und was ist deren innerstes Wesen, um nicht zu sagen deren Grundlebensgefühl? Nichts anderes, als das Absolutheitsbewusstsein oder das vollste „Selbstbewusstsein" im gesteigerten Sinn dieses Worts. Sie weiss sich als das Ein und Alles, jenes alte ἓν καὶ πᾶν, und nicht als die blosse Hälfte, geschweige denn als gelegentliches und in dieser Form völlig unbegreifliches, wie hereingeschneites Anhängsel am Vernunftlosen. Auch das scheinbar Andre ihrer selbst ist das nur scheinbar, ist vielmehr sie selbst in Verkleidungsform, ist objektivseiende Vernunft entsprechend der subjektiv-wissenden. Erst von diesem Herzpunkt des absoluten singulare-tantum Vernunft aus trennen sich einigermassen die Wege und ergeben sich die verschiedenen Folgerungen für die Zusammenschliessbarkeit beider Seiten des All-Einen, für die Assimilirbarkeit von objektiver Vernünftigkeit und subjektiver Vernunft. Es ergibt sich für die Ethik oder praktische Vernunft die gesicherte Möglichkeit der Ideerealisierung oder ethisch-vernünftigen Formirbarkeit des Seienden. Für die theoretische Vernunft oder Logik im engeren Sinn aber erhellt ganz damit parallel eben die Möglichkeit nicht bloss, sondern die Notwendigkeit der Erkenntnis als eine andere Seite jenes Zusammenschlusses. Es ist die Überzeugung an der Spitze, dass die ganze Welt das „materiale" der Erkenntnis (wie in anderer Hinsicht das der Pflicht) sein müsse und nichts sich ihr entziehen könne (oder dürfe, denn beides fliesst hier ineinander). Ein undurchdringbarer, schlechthin vom vernünftigen Denken unfassbarer Stoff wäre ja eben ein Anderes als Vernunft, somit ein unerträgliches σκάνδαλον derselben, sozusagen ein crimen laesae majestatis an ihrer All-Einheit und Absolutheit. In dem unentwegten, auch den grössten Hindernissen gegenüber nicht nachgebenden und endgiltig verzagenden Lebensmut wahrer Wissenschaftlichkeit regt sich also nicht sowohl eine Grundpflicht, als vielmehr ein souveränes Grundrecht der Vernunft; die Erkenntnis ist für sie Ehrensache; sie kämpft darin den Kampf um ihre Absolutheit insbesondere auf dem Gebiet, das ihr zunächst am fremdesten und fernsten gegenüber steht, auf dem der Natur, das eben dadurch sie am allermeisten zur denkenden Überwältigung und Rationalisierung des zuerst irrational sich Darbietenden reizt.

Niemand hat diesem innersten Lebens- und Selbstgefühl der Vernunft in der Anwendung aufs Theoretische mark- und charaktervolleren Ausdruck gegeben, als HEGEL in der berühmten Antrittsrede seiner Heidelberger philosophischen Professur. Als Gegengewicht gegen die heute weitverbreitete Stimmung einer doch etwas gedrückten, das Theoretische als solches erheblich stärker wie KANT unterschätzenden

Ethizität mögen die Hauptsätze jener Rede hier eine Stelle finden: „Ich darf zunächst nichts in Anspruch nehmen, als dass meine Hörer vor Allem nur Vertrauen zu der Wissenschaft und Vertrauen zu sich selber mitbringen. Der Mut der Wahrheit, der Glaube an die Macht des Geistes ist die erste Bedingung der Philosophie. Der Mensch, da er Geist ist, darf und soll sich des Höchsten würdig achten; von der Grösse und Macht seines Geistes kann er nicht gross genug denken; und mit diesem Glauben wird nichts so spröde und hart sein, das sich ihm nicht eröffnete. Das zuerst verborgene und verschlossene Wesen des Universums hat keine Kraft, die dem Mut des Erkennens Widerstand leisten könnte; es muss sich vor ihm aufthun, seine Tiefen ihm vor Augen legen und zum Genuss geben".

Nun leben wir ja allerdings nicht mehr in den Tagen der „absoluten" Philosophie und ihres Hochgefühls, das bei aller Kernwahrheit sich ebensogewiss stark überstürzte. Wir wollen uns namentlich hüten, dass wir nicht auch unsererseits unversehens einen Fehler begehen, vor dem wir in anderem Zusammenhang selber warnten, ich meine die Verwechselung oder doch sofortige Identifikation der endlichen und absoluten Vernunft, des Singulars: die Vernunft und des Plurals: die Vernunftpunkte. Wir wissen heute wohl, dass die Wahrheit sich nicht nur so im Sturm erringen lässt, wie jene Philosophie des absoluten Idealismus in voreiligem Abschluss vorübergehend meinte, sozusagen die philosophische Fassung jenes Bibelworts Matth. 11, 12 von dem βιάζεσθαι τὴν βασιλείαν τῶν οὐρανῶν (τῆς ἀληθείας) καὶ βιασταὶ ἁρπάζουσιν αὐτήν. Wir dagegen sagen uns, dass das Ziel inallweg asymptotisch sich nur in der solidarischen Zusammenarbeit der menschheitlichen Jahrhunderte und Jahrtausende und namentlich nur von unten nach oben erreichen lässt. Aber hievon abgesehen, was heutzutage als Weisheit auf der Gasse umläuft, ist die Vernunft nach ihrer substanziellen Qualität schliesslich allerdings doch nur Eine und dieselbe, ob nun dargestellt im Punkt oder konzentriert in der Vernunftsubstanz, ob im Menschen oder im göttlichen Absolutum. Plato nennt einmal tiefsinnig die unendliche Zeit das bewegliche Abbild der wahren Ewigkeit. Und so möchte ich hier sagen, dass unter der Bedingung des unendlich langen Werdeprozesses auch die menschlichsolidarische Vernunft immerhin das Recht hat, in ihrer innersten Tiefe teilzunehmen an jenem grossartigen Absolutheitsgefühl oder für unseren Fall an der unbedingten Überzeugung von der sicheren Erringbarkeit der Wahrheit und Wissenschaft unter der Bedingung rastlosen Suchens und Bemühens. Denn seiner selbst ist das Subjekt sicher durch den fundamentalen oder Grundglauben an sich selbst, d. h. an die unbedingte Wahrheit und selbstverständliche Gewissheit seiner Denkgesetze als des Werkzeugs. Aber auch des Objekts oder Arbeitsgegenstands ist es im Prinzip sicher durch den erweiterten Glauben an die wesentliche Vernünftigkeit nicht minder der Sache als seines verschleierten Symbols oder Gegenbilds.

Ob nicht in diesem unüberbietbar hochgreifenden Appell an das wirklich Absolute, an die Subjekt-Objektvernunft noch vor allen späteren Unterscheidungen in der That das Wahre enthalten ist, was speziell zu unserer Erkenntnis- und Kausalfrage alle bisherigen Ansichten, die populären sowohl als die philosophischen eigentlich ahnten und meinten? Ich erinnere z. B. noch einmal an die verschiedenen Wendungen einer optimistischen Ausdeutung des natürlichen Erkenntnistriebs, den Aristoteles zum Eingang seiner Metaphysik in treffender Kürze mit dem Wort formuliert: Πάντες ἄνθρωποι τοῦ εἰδέναι ὀρέγονται φύσει — ohne Zweifel unendlich wahrer, als wenn ROUSSEAUS Ekel an der Überbildung einmal meint: Un homme qui pense est déjà dégénéré, oder wenn SCHOPENHAUERS alogischer Pessimismus das Denken nur als eine Hilfs μηχανή des Magens und der sonstigen materiellen Bedürfnisse angesehen wissen will! Wir mussten seinerzeit jenes optimistische Vertrauen oder „Zutrauen" gegenüber der Natur und Welteinrichtung oder in populärtheologischer Form auch gegenüber von Gott als unzureichend bemängeln, aber nicht weil wir es an sich für falsch hielten, sondern nur weil es uns seine im Grund genommen ganz richtigen Linien nicht vollauszuziehen schien. Alle diese Ahnungen und noch mehr natürlich die hohen Griffe KANTS und seiner Nachfolger kommen zu ihrem Recht und erhalten ihr wahrhaft lösendes Wort, das ihnen so oft schon auf der Zunge schwebte, wenn wir in obiger Weise die Allvernunft zum letzten Ankergrund machen, um in ihr wie Anderes so namentlich auch unsere Frage der Erkenntnis und abgeleiteter Weise das Kausalgesetz sicher ruhen zu lassen.

Zu letzterem selbst und ganz unmittelbar haben wir jetzt noch einmal mehr in der Weise des Anfangs unserer Untersuchung zurückzukehren. Denn eine geraume Weile haben wir es zwar nicht aus dem Auge verloren, aber seit wir uns zu KANTS und seiner rationalistischen Nachfolger umfassenden Vernunftrechtfertigungsversuchen wandten, kam es mehr nur anhangsweise und als angestrebtes Folgeergebnis in Betracht. Wir sahen es zwar immer, aber nur gewissermassen von oben herab als Ziel in der Tiefe, für welches wir von der Höhe her sorgen wollten. Das ist aber entschieden noch zu wenig. Wir dürfen noch nicht aufhören, auch wenn wir den massgebenden und entscheidenden Vernunfthintergrund durchs Voranstehende wirklich ins Reine gebracht zu haben glauben. Denn damit würden wir den alten Fehler des uns sonst so nahestehenden Rationalismus in unserer Frage nur fortsetzen, auf den ich gleich zu Eingang und wiederholt hindeutete. Ich meine das vielfach gar zu Summarische in Bausch und Bogen, an dem namentlich KANTS Behandlungsweise dieser Probleme so häufig leidet. So sagt er schon bei den für ihn grundlegenden Lehren über Raum und Zeit als apriorischen Anschauungsformen eigentlich kein deutliches Wort darüber, wie sich denn nun die Anwendung derselben in concreto mache. Genug für sein allzusehr am Allgemeinen und den bodengebenden Grundwahrheiten hängendes Interesse, dass er nachweisen zu können glaubt, wie aller und jeder Anschauungsstoff unfehlbar und zuverlässig sich die Bewusstseinseinkleidung in diese Formen müsse gefallen lassen. Daran scheint er jedoch gar nicht zu denken, dass dies in Wirklichkeit keineswegs bei allen Affektionen des „äusseren Sinns" der Fall ist, sofern wir bekanntlich fast nur Aug- und Tastreize räumlich ordnen. Ebensowenig beachtet er, wie wir thatsächlich bei der konkreten Anwendung unseres Raumschauvermögens ganz und gar von der Natur der Sache determiniert und abhängig sind, also z. B. ein Rot oben eben oben sehen müssen und nicht subjektiv beliebig unten sehen können, sowenig als wir in diesem Fall inhaltlich Grün zu schauen vermögen. Hätte er derartige Erfahrungsdata mehr berücksichtigt, so hätte wohl seine Grundansicht eine sehr wertvolle und notwendige Modifikation erhalten. Ganz dasselbe wiederholt sich bei seiner Behandlung des Kausalgedankens, von der (mit E. von HARTMANN a. a. O.) deshalb rundweg zu sagen ist, dass in concreto sich kaum etwas mit ihr anfangen lässt. Wir hören auch hier wieder nichts Genügendes darüber, warum denn die apriorische Kategorie im Einen Fall angewendet wird und warum im scheinbar ganz verwandten andern nicht. Das Empirische lässt sich eben nicht ungestraft nur so obenhin abmachen. Aber auch bei den Meisten seiner Nachfolger befriedigt mich die Kürze nicht, mit der sie, nachdem sie in der einen oder anderen Art die Erkenntnismöglichkeit oder richtiger Notwendigkeit gesichert zu haben glauben, nun sofort den Schluss ziehen: Also gilt auch das Kausalgesetz als eine ihrer Hauptbedingungen. Bestenfalls liefern sie noch einigermassen den Nachweis, inwiefern gerade dieses z. B. neben der Ordnung des Allgemeinen in der Form von Gattungs- und Artgliederung eine solche Grundbedingung sei.

Statt dessen glaube ich, dass wir jetzt wieder etwas mehr von der Höhe herabzusteigen und in der Weise des natürlichen Bewusstseins oder der empiristischen Philosophie den Fällen der konkreten Anwendung des Kausalgesetzes näher zu treten haben, um sie kraft des glücklich errungenen Vernunfthintergrunds auszudeuten. Gerade wenn wir jetzt von der wesentlichen Vernünftigkeit auch des Objekts überzeugt sind, so lässt sich vermuten, dass dieses gewisse Andeutungen, Spuren oder Symbole der Vernunft schon äusserlich an sich trage, welche für unsere kausale Vernunftausdeutung die konkrete Handhabe bilden und eine bestimmte Anfassung im gegebenen Fall ermöglichen. Ihnen müssen wir nunmehr ernstlich nachgehen und sie verwerten. Kurz, wir müssen die empirischen bezw. empirisch-psychologischen Data der Erfahrung in unserem Fall, welche uns namentlich durch HUMES negative und positive Behandlung präpariert sind, als das Rohmaterial betrachten für die Formierung und vergeistigende Einarbeitung des subjektiven, nun insbesondere von KANT und seiner Richtung bereits glücklich getroffenen oder wenigstens hinreichend deutlich angezeigten Faktors. Auf diese Weise werden wir der wirklichen, logisch berechtigten Bildung des Kausalgedankens und nicht bloss seiner, genau betrachtet gar nicht auf der Oberfläche des Bewusstseins stattfindenden psychologischen Entstehung zusehen. Das letztere, auf was wir zum Schluss noch einmal zu reden kommen werden, ist wohl der Grund, warum die mannigfach behandelte Vorfrage nach der „psychologischen Entstehung des Kausalgedankens" geradewegs zu einer unerträglichen Vexierfrage wird, wo bei aller Scheinbarkeit der einzelnen Schritte doch das punctum saliens sich nicht fassen und psychologisch nachweisen lässt, sondern unbegreiflicher Weise und sozusagen wie hergehext immer schon da ist, kein Mensch weiss psychologisch und bewussterseits, woher.

Den empirischen Ausgangspunkt und Boden bildet nach allem Früheren die zunächst noch rein psychologische Stufe, dass gewisse Prozesse in der Welt der Veränderung namentlich durch ihre raumzeitliche Kontinuität (die ja auch bei der willkürlichen Gliederbewegung oder dem sinnlichen Leiden allerdings unter Vorschlagen des zeitlichen Zusammenhangs noch gilt) eine enge Assoziation im Bewusstsein des Auffassenden eingehen. Und dies wird sofort verstärkt durch die öftere identische Wiederholung, durch welche zugleich der Mechanismus des Bewusstseins eine aristokratische Auslese unter den verschiedenen Fällen des Zusammentreffens vornimmt und mit einer KANT'schen Formel gesprochen sozusagen bereits die synthesis speciosa für eine künftige synthesis intellectualis vorarbeitet. Mit anderen Worten sorgt schon die Wiederholung dafür, dass diejenigen Fälle, welche vom höheren Standpunkt aus ein zufälliges Zusammentreffen genannt werden müssen, schon psychologisch gestört, ja meist zerstört werden und in der Hauptsache nur die Auslese des vom späteren Standpunkt aus wirklich als zusammengehörig zu Betrachtenden mit wirklicher Stärke und Festigkeit des Aneinanderhaftens übrig bleibt. In solcher Weise denkt gewissermassen die Natur für uns Alle, Menschen und Tiere im Voraus oder schematisiert wenigstens für die vernunftbegabten Wesen den nachherigen Kausalgedanken. Auf dieser ersten Stufe bleiben wohl die Tiere im Wesentlichen stehen und kommen, wie HUME wesentlich richtig für sie, nur vorschnell generalisierend auch für uns bemerkt, Dank der unparteiischen Güte der Natur mit dem Assoziationsmechanismus und dem durch ihn sich ergebenden „Erwarten" praktisch ganz gut aus. Oder wie LEIBNIZ in dem Aufsatz „de anima brutorum" einmal hübsch sagt: „Les consécutions des bêtes ne sont qu'une ombre des raisonnements, c'est à dire ne sont qu'une connexion d'imagination et un passage d'une image à une autre" — und weiterhin: „Die Tiere sind reine Empiriker, die Menschen meist, zuweilen aber auch Rationalisten". Ebendahin gehört ein anderes schönes Wort desselben Philosophen über den tierischen Instinkt: „Les bêtes ne pensent pas; mais Dieu a pensé pour eux".

Nicht minder gewiss ist aber nach dem richtigen Blick des Rationalisten im Gegensatz zu dem falsch verallgemeinernden Empiriker, dass es mit dieser ersten Stufe noch nicht aus ist, dass die blossen, wenn auch noch so häufigen Wahrnehmungsurteile, Kantisch gesprochen, nicht Alles sind, sondern über ihnen die bereits kategorial vergeistigten „Erfahrungsurteile" stehen. Wie kommt es nun zu diesen, oder vorsichtiger ausgedrückt, wie haben wir uns die plötzlich auftauchenden nachträglich zu erklären und zu rechtfertigen? Denn beim vernunftbegabten Menschenkind beginnen sie ohne Zweifel sehr früh. Ob auch wenigstens die höheren Tiere uns darin zu folgen vermögen, kann ich hier dahingestellt sein lassen, indem ich mich auf das gute Wort des alten ANAXAGORAS zurückziehe, dass „die Dinge in der Welt nicht mit dem Beil abgehauen seien", d. h. dass schliesslich überall fliessende Übergänge anzunehmen sind, in denen für unseren Fall psychologische Assoziationen in unbewusste, weiterhin bewusste Schlüsse übergehen mögen. Lassen wir das also bei Seite und bleiben beim Menschen, um zu sehen, wie wir uns seinen Uebertritt auf die so wesentlich neue, qualitativ von der vorigen verschiedene Stufe zu denken haben. Offenbar ist es das, was LOTZE so oft gegenüber von einer allzuebenen, gemeinpsychologischen Auffassung dieser Prozesse als bedeutsam betont, es ist eine neue Reaktion der Seele auf das ihr oder in ihr

Gegebene, eine Vorstellung (bezw. ein Urteil) zweiter höherer Ordnung, mit der sie sich selbst den fragartig vorliegenden Thatbestand beantwortet. Damit beginnt die Sache erst logisch statt vorher nur psychologisch zu werden.

Worin liegt aber genauer und deutlicher gesprochen jenes Fragartige des natürlichen Thatbestands, das die Antwort hervortreibt, zu ihr reizt und nötigt? Ich möchte es ganz kurz mit des ARISTOTELES Lieblingswort die eigentümliche Aporie nennen, welche zunächst in jenen Musterfällen der Kausalität sich dem Subjekt unwillkürlich (und psychologisch betrachtet zweifellos zuerst ganz unbewusst) aufdrängt. Das Vernunftwesen ist ein natürlicher Philosoph, ob es das weiss oder nicht, und „μάλα γὰρ φιλοσόφου τοῦτο τὸ πάθος, τὸ θαυμάζειν" wie PLATO im Theätet ganz ähnlich wie sein Nachfolger sagt.

Nehmen wir nun jene Musterbeispiele eben unter diesem Aporie-Gesichtspunkt noch einmal einen Augenblick vor. Schon die mechanischen Bewegungsfälle (oder auch chemischen Prozesse) mit ihrer so engen raumzeitlichen Kontinuität, in welcher das populäre Bewusstsein sofort die von Einem ins andre hinübergreifende Hand zu sehen glaubte, enthalten jedenfalls das Eigentümliche, dass zwei Vorgänge zwei und doch so sichtlich wieder nichtzwei, sondern Eins sind. Dies besonders dann, wenn dieser Eindruck durch die zufällige Wesensgleichheit von Ursache und Erfolg noch verstärkt wird. (Wir könnten, da es sich uns ja nicht sowohl um die psychologische Genesis, als um die logischberechtigte Bildung des Kausalgedankens handelt, hier gerne die Erkenntnis der neuesten Zeit mitverwerten, wornach in dem MAYER'schen Wechselspiel von äquivalenter Bewegung und Wärme oder Massen- und Molekularbewegung sich für alle mechanische Prozesse und nicht bloss für die populär bekannten Alltagsfälle jene den Eindruck erhöhende Wesensgleichheit findet.) Eine ähnliche Schärfung des Gefühls für das Zwei- und doch eigentlich Einssein findet sich bei der willkürlichen Körperbewegung, sofern hier neben der raumzeitlichen Kontinuität das erste Glied des Gesamtprozesses, der bewusste Wille, dem Inhalt nach ganz dasselbe ideell enthält, was das zweite Glied oder die Ausführung reell vor Augen führt. Beide Glieder sind dadurch, obwohl andererseits zweierlei, einander doch so nahe als nur irgend möglich gerückt oder als Eins proklamiert. Endlich — last, not least — ist es das psychologischurwüchsig ohne Zweifel so hochbedeutsame Moment der identischen Wiederholung, dem wir auch zu der logischen Rechtfertigung des Kausalgedankens sein entsprechendes Mass von Beitrag zuzugestehen haben. Wir mussten sie früher als Beweis des Kausalgesetzes ablehnen, weil darin der hartnäckige empiristische Zirkel liegt. Aber ein anderes ist, sie als wichtigen Hinweis, besser gesagt als ein wesentliches Pressionsmittel für das Herausspringen des kausalen Gedankens zu verwenden. Führt sie doch viele zweifellos diskrete Fälle vor, die aber dadurch auffallen, dass sie andererseits Eins und dasselbe sind, dass somit die diskreten a, a', a" u. s. w. eben als lauter a in Ein grosses, durch alle Einzelfälle sich hindurchziehendes A als das im Wechsel der Fälle wahrhaft Vorliegende zusammenfallen. Wo kommt so etwas Merkwürdiges sonst vor oder an was erinnert es unwillkürlich als an sein bekanntes Analogon?

Diesen beständig in allen unseren Beispielen wiederkehrenden harten Gegensatz des „zwei und doch auch nichtzwei, sondern Eins", des „verschieden oder diskret und doch auch wieder ganz zusammenfliessend oder ineinszusammenfallend" verstehe ich unter der vorliegenden Aporie, oder einfacher deutsch gesagt unter dem gegebenen und aufgegebenen Rätsel, das Lösung verlangt. Die Natur d. h. die erfahrbare Wirklichkeit kommt mit jenen äusserlich wahrnehmbaren Zügen dem Nachdenken thunlichst entgegen. Sie legt sozusagen dem Menschen, der ja nach der geistvollen Sphinxsage zum Rätsellösen geboren ist, ein wohlgereimtes und gutgefugtes Rätsel vor, indem ich unter diesem „Reimen" oder „Fugen" eben jene eigenartig auffallenden äusseren Momente als Handhaben zum Erraten, als erscheinende Sinnbilder des wahren Sachverhalts verstehe. Der Schleier der Wahrheit ist damit so durchsichtig als möglich gemacht. Dem Menschen ist die Zunge gelüpft. Er braucht jetzt nur noch das lösende Wort des Rätsels auszusprechen, so ist der logische Druck, die peinliche Verlegenheit oder ἀπορία verschwunden. Oder anders ausgedrückt, er darf jetzt bloss noch, das Thatsächliche vergeistigend, von sich aus den erforderlichen Gedanken in jenes einlegen, dann ist alles erklärt und in Ordnung.

Als diesen Gedanken pflegt man hier sofort den des Grunds zu nennen, der das Einheitsband des Verschiedenen wie im substanziellen Dingverhältnis so auch namentlich im kausalen bilde. Das ist nun sachlich vollkommen richtig, aber mir doch noch etwas zu rasch und formelhaft. In dieser Beziehung ist das Verhalten des scharfsinnigen Hume wieder recht lehrreich als Mahnung zu etwas langsamerem und vorsichtigerem Gang. Ich meine hier nicht seine früheren Untersuchungen zur Kausalität, sondern die vielleicht ebenso interessanten (leider meist übergangenen, weil nur im Jugendwerk des Traktats stehenden) über den Substanz- bezw. Dingbegriff. In eigenthümlichster Weise, die auf den ersten Blick nur spintisierend erscheint, in Wahrheit aber durchaus folgerichtig auf seinem

Standpunkt des sensualistischen Empirikers und für die Fortbildung zu KANT von grosser Bedeutung ist, fragt er hier z. B., was uns denn (als ein „synthetisches Urteil apriori" im scheinbar ganz Empirischen und Aposteriorischen) das Recht gebe, die Fortdauer eines Dings auch in den Pausen seiner Sinnengegenwärtigkeit anzunehmen, während wir uns vollends kein Gewissen daraus machen, trotz mehr oder weniger starkem Wechsel der „Zustände" von der Einheit oder Identität des „Trägers" dieser Zustände zu reden. In allen derartigen Fällen sei einfach unsere Imagination in einer Klemme; es sei ihr widerwärtig, Dinge oder Momente auseinanderzuhalten, die andererseits sich in ihr so eng aneinanderketten. Daher ersinnt sie, oder wie er natürlich sagt, daher fingiert sie etwas als Schweigung ihrer Verlegenheit oder als selbstberuhigende Rechtfertigung ihres Nichtauseinanderhaltens dessen, was in Wahrheit doch zweierlei ist, deshalb erdichtet sie einen permanenten Kern, der fortdauert, auch wenn wir nicht dabei sind und ihn sehen, oder der beharrt, auch wenn die sogen. Zustände wechseln.

Es ist nicht zu leugnen, dass wir uns in unserem gegenwärtigen Fall des Kausalgedankens zunächst in bedenklicher Nachbarschaft des Skeptikers zu befinden scheinen. Und natürlich hilft es nichts, wenn wir dem von uns aus einzulegenden Gedanken einfach in positiv trauender Stimmung gegenüberstehen, während HUME ihm das negative Malzeichen der bodenlosen und unberechtigten Fiktion mitgiebt. Eindenken ist Eindenken, könnte der unerbittliche Skeptiker sagen, nur nenne ichs als ehrlicher Mann Fiktion, während Ihr ihm etwa mit hohen Worten, wie Gedanke des Grunds oder ähnlichen ein besseres Mäntelchen umhänget und meinet, damit sei es gethan.

In Anbetracht von solchen schneidigscharfen wirklichen oder möglichen Einwänden müssen wir also mit unserer Berufung auf den „erklärenden Grund" oder mit verwandten Formeln vorsichtiger sein, um nicht in gar zu raschem Sprung zuguterletzt noch den Boden unter den Füssen zu verlieren. Der Lösungsprozess jener Aporie ist Schritt für Schritt zu analysieren, es muss eingehend gezeigt werden, woher wir den Lösungsschlüssel eigentlich haben und was in letzter Instanz uns in der That vollkommen zu seiner Anwendung berechtigt, mag sich eine solche Untersuchungsweise meinetwegen auch übertrieben peinlich ausnehmen oder wie HUME sagt eine Art von sifting humor verraten.

Wir hielten vorhin unseren Gang bei dem Ergebnis an, dass zwei Ereignisse kurzgesagt uns in logisch störendster Weise als zwei und nichtzwei, als verschieden und nichtverschieden erscheinen. Und doch stehen sie offenbar nicht im analytischen Verhältnis etwa wie Teil und Ganzes, über welches Verhältnis wir als über ein einleuchtendes von Haus aus beruhigt sind. Bleibt also nur irgend ein synthetisches Verhältnis oder die Annahme übrig, dass die so eng zusammenseienden irgendwie auch zusammengehören, dass Eins das andre bestimmt, fordert, bedingt, dass Eins abhängig ist vom andern oder im Dependenzverhältnis zu ihm steht. — Gut! Allein woher haben wir nun diese, uns allerdings im höchsten Grad geläufigen und bis zur Selbstverständlichkeit vertrauten, aber darum doch einen Augenblick auf ihren Ursprung und Rechtstitel zu prüfenden Begriffe selbst?

Um hierauf mit bestem Gewissen antworten zu können, haben wir uns vorsorglich den Boden sofort im Eingang dieser Untersuchung geebnet, indem wir dort gerade dem „Satz vom Grund", um den es sich natürlich bei allen obigen Begriffen wie „abhängen" oder „bedingen" und dergl. dreht, seine durchaus greifbare und wohlverständliche weitere Ausdeutung gaben, weil wir das gar zu Formelhafte und Zauberspruchartige in seiner häufigen Anwendung vermeiden wollten. Wir sagten dort, dass er nicht weniger besagen wolle, als die Urkonstitution unserer Gedanken- und Vernunftwelt überhaupt, jene κόσμος-Natur derselben, wornach alle Gedankenmomente nicht bloss mit-, sondern für einander da sind in feinster gegenseitiger Empfindlichkeit, in strenger aller Anarchie entnommenen Gesetzesverfassung, Eins eben das andre aufs Feinste und Sicherste bestimmend, Eins unfehlbar abhängig vom andern. Man denke an das selbstevidente, besonders beim hypothetischen Urteil und Schluss des Wenn — So sich erweisende Dependenzverhältnis zwischen Konklusion und Prämissen, an die Art, wie mit der Setzung des positiven Urteils das sonst gleichlautende negative rundweg ausgeschlossen, eines von Beiden aber allerdings ebensounbedingt gefordert ist, was in dem hochwichtigen disjunktiven Denken und Schliessen seine Hauptverwendung findet. Oder man erinnere sich an das feine kategoriale Verhältnis der „Begriffshierarchie", die trotz allen formalistischen Missbrauchs gleichfalls zu der dem Denken grundwesentlichen Generalordnung der Vernunftwelt gehört.

Von hieher, aus diesem Reich der selbstevidenten Lichtheit und Sicherheit sind jene fraglichen Begriffe entnommen, die wir als lösendes Rätselwort dem so eigenartigen Verhalten in der Welt des Geschehens eindeuten. Berechtigt aber sind wir dazu durch ein Doppeltes: Einmal eben durch jene Eigenartigkeit, mit welcher die wirkliche Welt unserem Denken symbolisierend entgegenkommt oder uns (besonders deutlich bei der Wiederholung) förmlich analogisierend an die Vernunftwelt und ihre Verhältnisse erinnert. Fürs Andre wirkt machtvoll mit jene von uns aufgewiesene (selbst als dunkelster Instinkt hinreichend wirksame) Generalüberzeugung von der wesentlichen Vernunftnatur auch der Welt des Nicht-Ich, von der Rationalität allüberall, also auch in der Welt der Dinge und des realen Geschehens. Darauf ruht ja wie wir sahen in letzter Instanz ebenso die Möglichkeit, als das Urrecht (oder die Vernunftnotwendigkeit) der Erkenntnis. Und das ists, was jener analogischen Übertragung vom Idealreich ins Reale den Schein der bodenlosen μετάβασις εἰς ἄλλο γένος im Innersten benimmt, was sie zunächst und vor Allem da prinzipiell berechtigt, wo die eigene Natur der Wirklichkeit uns zu dieser hienach nicht dichtenden oder fingierenden, sondern solid aus dem Klaren das Dunkle auslegenden Rückwirkung reizt. In ihr kommt jenes Urrecht zu seiner Bethätigung, indem es natürlich die ihm willfährig gebotene Hand freudig ergreift, welche sozusagen das Nicht-Ich selbst zum Vermählungsbund herüberreicht.

Daran knüpft sich sofort noch ein Weiteres, das wir eigentlich kein Neues, sondern nur eine etwas andre Wendung und Beleuchtung des Bisherigen nennen dürfen, in dem aber allerdings erst der methodologische Herzpunkt des Kausalgesetzes zum ganz genauen Ausdruck kommt. Ich redete gleichfalls schon im Eingang streifend von dem sogenannten Identitätsgesetz als dem Genossen und Seitenstück des „Satzes vom Grund". Auch in jenem möchte ich nicht sowohl ein einzelnes Gesetz, als vielmehr eine beträchtlich umfassendere Überzeugung vom Wesen der Wahrheit und des Vernunftlebens überhaupt sehen. Als einzelnes Gesetz ist es offenbar etwas zu ärmlich. Denn die etwaige Anweisung, Mahnung oder Norm, sich nicht zu widersprechen, kann als Lehre von der Konstanz im Denken die anbahnende Einleitung zu dem Widerspruchsgesetz bilden und mit diesem besorgt werden. Die berühmte Formel $A = A$ aber ist für ein förmliches Denkgesetz doch fast beleidigend simpel und selbstverständlich, ja ich möchte sogar behaupten, sie ist beim Wort genommen sinnlos. Ein Objekt, Vorstellung oder Gedanke, ist einfach betrachtet nicht mit sich selbst vergleichbar, denn dazu als zu einer Relation gehören immer zwei Glieder. Sinnhaft ist die Formel also nur, wenn damit das Bessere gemeint ist, dass ich meine jetzige Denkung eines Inhalts mit einer früheren Denkung desselben vergleiche und dabei unbeschadet der Diskretheit der Denkakte den Denkinhalt identisch finde. Das führt nun auf den wahren und sehr brauchbaren Sinn des logischen Identitätsgedankens. Er soll uns beruhigen über die diskretdiskursive Natur unseres Denkens, das in lauter einzelne, der Zeit nach auseinander liegende (psychologische) Akte desselben Individuums oder vieler einzelnen vernünftigen Individuen zerfällt. Da könnte sich (namentlich für den hartnäckig einseitigen Psychologiker) die bange Frage erheben, ob das, was ich jetzt denke und als vernunftnotwendig mit intuitiver Sicherheit erschaue, d. h. als wahr erkenne, ob mir das auch bei späterem Denken als wahr erscheinen müsse. Oder im grossen Ganzen: Wird die heutige wenngleich nochso wirkliche Wahrheit auch nach Jahrhunderten noch Wahrheit sein, oder hat bis dorthin auch hiefür wie für alles Gemeinempirische die Mode längst gewechselt? Wer bürgt mir endlich dafür, dass was ich mit aller Sicherheit als Wahrheit erkenne, alle Andern geradeso erkennen müssen, wenn sie sich wenigstens gleich ernstlich darum bemühen?

Auf alle diese Fragen lautet nun eben die Antwort: Identität der Vernunft als solcher, also auch der Wahrheit mit sich selbst! Es ist ihr Stehen über Raum und Zeit und Individuen, ihr Singulare-tantum, ihre Ewigkeits- oder Absolutheitsnatur, kurz ihre Allgemeingültigkeit, was bekanntlich neben der vom Satz des Grunds formulierten logischen Notwendigkeit das zweite, eng mit dieser zusammenhängende Charakteristikum des Logischen und der Wahrheit bildet. So darf ich also, wenn mir dies Fixsternlicht der Vernunft aufgegangen ist, völlig ruhig sein, dass alle wirklichen Vernunfturteile, die evident aus ihr stammen, heute und in alle Ewigkeit und für Jedermann gültig sind. Oder ganz dasselbe anders gewendet: Ein wirkliches Vernunfturteil über Einen Fall ist das Vernunfturteil über alle identischen Fälle (soweit sie das wirklich sind). Von der Vernunft gilt das rational-diktatorische: Sic volo, sic jubeo! oder: Une fois pour toutes. Würde in einem gleichen späteren Fall das Urteil anders lauten, so hätte die Vernunft sich geändert, wäre also unvernünftig geworden, was von ihr, der Vernunft, anzunehmen einfacher Widersinn ist. Für uns, die Vernunftpunkte, die an ihr nur teilhaben, besteht deswegen die Generalaufgabe darin, dass wir uns unter Lösung von allem lediglich Individuellen selbstlos in ihre Substanz versenken. Für diese verfliesst die blosse, diskrete Mehrheit der Fälle oder der Denkakte in Eine intuitive Zusammenschauung, alle diskreten a — b verschmelzen in Ein ruhendes A — B, d. h. in den reinen zeit- und ortlosen Gehalt oder Sachverhalt als solchen. In derselben Weise müssen wir lernen, mit dem überräumlich-überzeitlichen Vernunftauge selbst zu sehen und zu urteilen und in diesem Sinn als Individuen unterzugehen, damit die Vernunft allein in uns aufgehe und lebe.

Machen wir jetzt von dieser Charakterhaftigkeit und zuverlässigen Treue der Gedankenwelt, dem Abglanz oder besser dem Gegenstück der sittlichen Idee der

Treue in der verschwisterten praktischen Vernunft vollends die Anwendung auf unseren Zusammenhang des kausalen Geschehens, nachdem wir es grundsätzlich in das Licht des Gedankens gestellt und als objektive Rationalität erkannt haben. Alsdann ergibt sich auch für dieses die gleiche geist- und begriffsartige Festigkeit, auf der sich sicher fussen lässt, jene gediegene, im Wechsel den Wechsel überragende Identitätsnatur, die das scheinbar blosse „πάντα ῥεῖ" mit einem μέτρον bindet und damit fasslich macht. So gut auf seinem idealen Gebiet 2×2 ein für allemal 4 ist, so gut gilt auf dem realen Boden eines durchgeisteten Geschehens der Satz, dass ein für allemal gleiche Bedingungen gleiche Folgen haben, indem statt der Willkür der Laune die Treue des Gesetzes herrscht. Mit den Dingen lässt sich rechnen, sobald wir sie als Realbegriffe erkannt haben. Hierin liegt, wie wir immer betonten, der methodische Herzpunkt des Kausalgedankens, für den und dessen Brauchbarkeit eben der Wechsel im bunten Weltgeschehen, aber der von einem Identischen durchzogene und durchdrungene oder gehaltene von entscheidender Bedeutung ist. An sich und in abstracto liesse sich ja auch ein Weltlauf denken, der ohne alle Wiederholung Phase aus Phase mit strengster innerer Gesetzmässigkeit hervorgehen liesse. Aber was hälfe uns diese Gesetzmässigkeit oder die immerhin grundgediegene Rationalität eines solchen periodenlosen Ablaufs? Möchte sie für ein absolutes Auge noch so gewiss dasein, wir könnten einem derartigen Weltgang nur mit betrachtendem Staunen gegenüberstehen, müssten hinnehmen, was kommt, und warten, bis ein Neues käme, ohne es irgend voraussehen und berechnen zu können. Kurz, wie eine absolute Bewegung wenn auch denkbar, so nicht erkennbar wäre, so würde es auch mit einer solchen ansichseienden, aber wiederholungslosen, alle Tautologie vermeidenden Gesetzmässigkeit sein. Gut also und ein wunderbar glückliches Entgegenkommen für unseren Drang, ja für unser Vernunftrecht der Erkenntnis, dass es anders ist, dass, wie LOTZE einmal sagt, „die Realisierung des Weltplans bestritten wird mit einer Vielheit vergleichbarer Elemente, die unter gemeinsame Oberbegriffe, und mit Wiederholungen vergleichbarer Ereignisse, die unter allgemeine Gesetze fallen" (Metaph. 132 f.) Das ist, neben dem zeitlichen Werden überhaupt, der entscheidende Punkt, wodurch die Welt des Geschehens inallweg von der Welt der Ideen unterschieden bleibt und das consequi oder fieri doch noch etwas anderes als das sequi ist, in so enge Beziehung wir andererseits beide gerade hier gesetzt haben und setzen durften. Als Grundzug der realen Welt und ihrer Vernünftigkeit in der fliessenden Form der Zeit statt des ewigen und singularen „nunc stans" im Reich der Ideen bringt es die Wiederholung mit sich, dass gleiche (oder doch wesentlich gleiche) Bedingungen im Verlauf öfters wiederkehren und uns nach der Generalformel des Kausalgesetzes gleiche Folgen mit Sicherheit erwarten, besser gesagt vorausberechnen und erschliessen lassen oder dass dasselbe den grossen Führer unseres Forschens und Lebens bilden kann. Ist die Ursache gegeben, so habe ich die sichere Bürgschaft auch für das Eintreten der Wirkung.

Warum darf man nun nicht ebenso umgekehrt sagen, dass in der Wirkung der sichere Rückweis auf die Ursache liege? So fragt zunächst das natürlich-psychologische Assoziieren und Symmetrisieren, das in der Bildung unserer urwüchsigen Urteile oder richtiger Vorurteile eine so grosse Rolle spielt. Mit Entschiedenheit tritt jedoch die besonnene Logik seinem allzuraschen Flug überhaupt entgegen und so auch bekanntermassen in unserem Fall, indem sie zwar den Vorwärtsschluss von U. auf W., aber keineswegs den sicheren Rückwärtsschluss von W. auf U. erlaubt. Und das ist in concreto gewiss nur zu billigen. Ob es aber auch in abstracto richtig ist, ob nicht die natürliche Präsumtion wenn gleich wie so oft missbräuchlich und im Flug etwas wesentlich Richtiges ahnt? Je enger wir vorhin gedanken- und begriffsmässig Ursache und Wirkung verknüpften, je innerlicher und bindender wir ihr Verhältnis fassten, um so mehr will es doch beinahe wie ein unnötig kargender, fast brutaler Machtspruch erscheinen, jenen Hinweg zu erlauben, aber den Rückweg zu verbieten. In einer strengrationalen Ordnung hat einerseits eine bestimmte Ursache unfehlbar eine bestimmte Wirkung, aber wie mir scheinen will ebenso eine bestimmte, d. h. absolut genau aufgefasste Wirkung auch ihre ganz bestimmte, nicht verfehlbare Ursache. Es werde z. B. die Hitze im Zimmer als W. aufgefasst und das U. dazu gesucht. Nun sagt man gewöhnlich: Rückwärts gabelt sich der Weg. Jene Hitze als W. kann herkommen von künstlicher Heizung (Holz- oder Kohlen- oder Gasofen u. dergl.), oder von der Sonnenwärme als natürlicher Quelle. Gut! Aber eine genaue Auffassung, die sich ja ansich gewiss denken lässt, würde offenbar die Ofenwärme als eine spezifisch andre (noch genauer: als eine bei der Verwendung von Holz oder Kohle u. s. w. noch weiter spezialisierte) verglichen mit der Sonnenwärme auffassen, somit für ihren Rückschluss einen vollkommen sicheren Boden haben. Sie würde sagen: Die Hitze im Zimmer, das fragliche W., ist diesmal Sonnenwärme, also ist das gesuchte U. die Sonne und nichts anderes. Nun sind freilich wir Menschen selten geneigt und in vielen Fällen gar nicht in der Lage zu einer so absolut genauen und spezialisierten Auffassung, wie sie sich für einen göttlichen Verstand von selbst verstünde, sondern müssen uns begnügen mit dem summarisch Allgemeinen, wie Wärme überhaupt, nicht Sonnenoder Gas- oder Dampfheizungswärme, oder Nässe schlechtweg, nicht Regen- oder Schneenässe u. dergl. Dies Generelle aber kann allerdings von verschiedenen speziellen Ursachen gleichermassen herstammen, nämlich von allen, die den Grund für das blosse Warm- oder Nasssein überhaupt gleichermassen in sich tragen. Also ist der Rückschluss auf ein bestimmtes spezielles U. vom generellen W. aus allerdings unsicher. Dagegen befasst jedes spezielle U. neben seinem Artunterschied von den Genossen jedenfalls auch jenes Gemeinsame (z. B. den generellen Wärmefaktor) in sich; also ist mit seinem Gegebensein das generelle W. sicher verbürgt und der Schluss von U. auf W. gilt unbedingt. Oder dasselbe einfach logisch: Das Spezielle schliesst das Generelle ein, aber nicht umgekehrt; jedes Quadrat hat Rechtecknatur, aber nicht jedes Rechteck die des Quadrats. Somit bleibt für die angewandte Logik Alles richtig beim Alten und jene Mahnung zur Vorsicht soll für den Gebrauch nicht angetastet werden. Aber vom höheren Standpunkt erweist sich doch jene Halbheit der Schlussmöglichkeit mit Spinoza gesprochen nur als ein defectus cognitionis und nicht als ein defectus rei, der Einen immer wie eine störende Abschwächung des strengen Kausalverbands und seiner Schlussermöglichung anmuten will. Unter diesem Gesichtspunkt entschuldige man die kleine, fast populär logische Abschweifung!

Denn das ist ja allerdings der Brennpunkt unserer Untersuchung gewesen, die Kausalität als solche von der Logik (im weiteren Sinn) beleuchten und rechtfertigen zu lassen. Es handelt sich kurz zusammenfassend gesagt um deren analogische Übertragung auf das Gebiet des realen Geschehens, um die Erkenntnis und Erhärtung des Kausalzusammenhangs durch Herbei- und Hereinziehung der Grundzüge und Gesetze der idealen Welt. Insofern mag man bei allem sonst übrig bleibenden Unterschied gerne sagen, dass (namentlich) der Satz vom Grund der Vater des Kausalgesetzes sei. Oder es zeigt sich auch zu Hegels kühner Metapher eine gewisse Berechtigung, wenn er meint, dass die Natur in ihrem geregelten Geschehen, z. B. in dem geschlossenen Wunderbau der Astronomie sozusagen realiter denke und schliesse oder dass der Syllogismus der subjektiven Logik sein Gegenstück in der Art habe, wie im Wirklichen allgemeine Gesetze als Obersatz, eine bestimmte Lage als zweite Praemisse und demnach ein ganz bestimmter Erfolg als Schlusssatz auftreten. In einer solchen Welt der „logischen Kausalität" fühlt sich dann der vernünftige Mensch erst eigentlich so recht heimisch, während sie vorher und ohne das ihm mit einer gewissen gespenstischen Unheimlichkeit und Starrheit einfach als Anstoss, als σκάνδαλον gegenüberstand. Hat aber einmal „Pygmalion den Stein erwärmt", hat subjektive und objektive Vernunft sich gefunden, so spricht jene von dieser wiederum mit HEGEL: Das ist ja Fleisch von meinem Fleisch und Bein von meinem Bein! Jetzt ist der Weg frei, um mit der „Logik der Kausalität" die Welt sich zu eigen zu machen, damit ihre so zu Stand gebrachte Einheit Abbild sei von der Einheitsnatur des erkennenden Geists.

Welchen formulierenden Namen sollen wir nun jener entscheidenden analogischen Uebertragung oder jenem synthetischen Generalurteil apriori über die Welt und das Geschehen in ihr geben? Es scheint naheliegen, es eine grosse oder Generalhypothese zu nennen, die wir unserer Weltbetrachtung zu Grund legen. Trotzdem möchte ich dies Wort lieber vermeiden, das Andre, bisher wesentlich gleichgesinnte zum Schluss doch vielleicht nicht vorsichtig genug brauchen, indem sie wie zur Entschuldigung des Hypothetischen hinzufügen, dass ja sofort die Wirklichkeit in steigendem Mass die Bestätigung dafür liefere und damit seine Richtigkeit über allen Zweifel erhebe oder der Hypothese den Wert der Gewissheit gebe. Ob hier nicht zugutarletzt der im Verlauf glücklich vermiedene alte empiristische Zirkel sich mit seiner angeborenen Hartnäckigkeit noch einmal einschleicht, indem man die Generalannahme in ihrer grundlegenden Bedeutung mit den einzelnen Anwendungsfällen verwechselt? Letztere mag man ja gewiss Hypothesen nennen, letztere mag man durch den Ausfall bestätigen und uns bloss mehr oder weniger Wahrscheinlichem zum (insoweit) Gewissen werden lassen, indem die Erfahrung als die „Putzmühle" im Forschen Spreu vom Weizen sondert und die Besorgnis eines falschen Griffs bei der Hypothese oder übersehener Nebenumstände und dergl. durch den identischen Ausfall im Wechsel der Lagen steigend vermindert. Anders bei der grundlegenden Annahme, der Ueberzeugung von einer rationalkausalen Gesetzmässigkeit überhaupt. Ich nenne sie keine Hypothese, weil von einer solchen immer nur gesprochen werden kann, wenn eine andre neben ihr gedankenmässig möglich ist, während eine schlechthin und ausschliesslich notwendige Hypothese ebendamit keine mehr, sondern etwas unbedingt Gewisses ist. Und dies trifft genau in unserem Fall zu. Wir dürfen vorübergehend die Fiktion einer irrationalgesetzlosen Welt uns erlauben — denn was hat im menschlichen Kopf nicht alles Platz! — aber einen möglichen Gedanken können wir sie nicht nennen, der vor dem Forum der Vernunft dem Gedanken der rationalen Gesetzmässigkeit bis auf Weiteres ebenbürtig zur Seite stünde. Letztere ist vielmehr das vernünftiger Weise allein anzunehmende, somit mehr als eine Hypothese, sobald man wenigstens mit diesem Wort den üblichen Sinn des noch einigermassen Fraglichen verbindet. Ganz dasselbe gilt dann auch vom Punkt der steigenden „Bestätigung" durch die Erfahrung. Das Gewisse, Vernunfteinleuchtende kann und braucht nicht noch gewisser zu werden. Wir müssen uns einmal definitiv entschliessen, letzte, selbstevidente apriorische Obersätze anzuerkennen, deren wichtigster einer für die Erkenntnis das Kausalgesetz ist. Und für diese auf sich selbst ruhenden dürfen wir nicht immer doch wieder nach Stützen in der Erfahrung uns umsehen, um den Herren vom Vasallen belehnen zu lassen, wie eben jener sattsam besprochene empiristische Zirkel es auf verschiedenen Stufen unseres Problems thut. Wem z. B. der allgemeine Satz nicht einleuchtet, dass das Selbstevidente unanfechtbar sei, dem ist natürlich auch mit allen Einzelfällen nicht beizukommen, in denen er Anwendung findet. Ihre eigene Anerkennung ruht ja auf jenem, der in ihnen identisch wiederkehrt und ihnen selbst ihre ganze Beweiskraft erst giebt. Mit andern Worten glaubt man auch dem Einzelfall nur, weil man zuvor schon seinem Herzpunkt, dem Allgemeinen glaubt. Doch genug endlich mit dieser beständigen Zurückweisung von allerdings ebensobeständig und hydraartig wiederkehrenden Irrungen!

Statt Hypothese wollen wir also jene Generalüberzeugung lieber unseren Grundglauben hinsichtlich des Wesens der Welt und des Geschehens nennen, einen Glauben, dem dieses harmonisch entspricht, indem die abstrakte Überzeugung durch immer mehr zutreffende Einzelfälle ihre konkrete Ausfüllung erhält und dadurch Farbe, aber keine höhere Gewissheit erlangt. Letzteres wenigstens nicht im logischen Sinn. Denn psychologisch mag sie ja immerhin durch jenes leibhaftig- oder konkretwerden an Eindruck gewinnen oder es mag an sie, die im Hintergrund sicher ruhende neu erinnert werden, damit man nicht vergisst, welchem mächtigen Leitstern man die Erfolge seines Forschens verdanke. Er ist für dasselbe das grosse heuristische Prinzip, aber nicht als vage Anweisung, auf gut Glück zu suchen (welches fatale Bedenken z. B. bei KANTS teleologischem Prinzip und allen ähnlichen gar zu subjektiv gehaltenen nicht wegzubringen ist), sondern als sichere Überzeugung, dass etwas da ist, das sich finden lässt, dass die Welt selbst so eingerichtet ist, nicht bloss, dass wir sie zum Behuf unseres Erkenntnisstrebens so anzusehen haben. Der Kausalgedanke ist objektiv bedeutsames heuristisches Prinzip auf Grund des prinzipiellen εὔτακτον des Sachverhalts aus der Tiefe der Vernunft heraus.

Durch Letzteres ist auch der Ausdruck „Glaube" gedeckt, den wir schon bisher wiederholt in diesem natürlich nicht theologisch erbaulichen, sondern logisch nüchternen Sinn brauchten und der also nichts weniger als ein theoretisch Mangelhaftes, auf anderweitige Hilfe und Beistand Angewiesenes bezeichnen soll. Besser wäre es schon, es stünde uns für das Gemeinte auch ein anderes Wort zur Verfügung, etwa wie die englische Philosophie sehr einfach zwischen theologisch-populärem „faith" und logischem „belief" unterscheiden kann. In unserem Fall ist es entsprechend der früheren sozusagen transcendentalen Darlegung wirklich ein Grundakt der Vernunft, um den es sich handelt und der deshalb wenn irgend was auf sich selbst ruht, ein Glaube, der zugleich ein Vernunft-Sehen, Vernunft-Fühlen und Vernunft-Wollen genannt zu werden verdient. Ob ein solcher wohl, wie man unter Anderem durch den Sprachgebrauch beeinflusst einwenden könnte, hinter der stolzen Gewissheit und Sicherheit z. B. des mathematischen Wissens zurückbleibt? Ich kann es nicht zugeben; denn es ist umgekehrt einleuchtend, dass letzteres sich ja selbst schliesslich auf das gleiche Fundament von Himmel und Erde stützt, auf den Selbstglauben oder die Selbstgewissheit der Vernunft bei allen ihren Schritten. Mehr als das in öder Skepsis zu verlangen heisst nicht mehr wissen, was man eigentlich will.

Mit diesem Glauben von allerdings sehr viel höherer Ordnung haben wir dasjenige zu einem wirklich gesicherten Besitzstand gemacht, was merkwürdiger Weise schon zu Anfang die niedere Form des natürlichen Kausalglaubens in der Sache ganz richtig, der Form und Begründung nach aber ohne ersichtlichen Rechtstitel besass, ich meine eben die Überzeugung von dem zweifellosen und zuverlässigen inneren Kausalzusammenhang jedenfalls in den Musterbeispielen und Hauptfällen des praktischen sowohl als theoretischen Lebens und seiner Interessen. Man könnte dieses richtige „Erraten" des Wahren einen wunderbaren Vernunftinstinkt nennen. Mit ihm habe für die allermeisten selbst unter den Menschen die gütige Mutter Natur in ihrer Unparteilichkeit gesorgt oder noch einmal mit LEIBNIZ gesprochen „Dieu a pensé pour eux", um ihnen jenen für sie unzugänglichen, langen transcendentalen Weg zu ersparen. Aber eben dies deutet darauf hin, wie wir ohne theologisierende Mystik den Sachverhalt nüchtern zu fassen haben. Zwischen den einem Jeden gegebenen anregenden Erfahrungsdaten einerseits und dem von Allen gleichfalls besessenen Resultat andererseits ist oberirdisch unleugbar ein Sprung; aber die Verbindung ist sozusagen unterirdisch im Halb- oder Unbewussten, es ist für alle Vernunftbegabten der gleiche machtvoll wirkende Unter- und Hintergrund, der für die Meisten den Mangel an der bewussten Oberfläche ersetzt und nur von der scharf analysierenden Erkenntnistheorie ausdrücklich herausgezogen wird. Daher glauben jene in einer Art von häufig vorkommender „psychischer Chemie" dasjenige förmlich zu sehen, was doch auch in ihnen seiner Natur nach nur gedacht werden kann. Der Mensch ist tiefer als er selber weiss. In dieser glücklichen wenngleich unbewussten Lösung des kausalen Warum-Problems bewährt sich das Wort SCHOPENHAUERS, welches wir deshalb schon an die Spitze gestellt haben, dass nämlich der Mensch ein „animal metaphysicum" sei, ein Wesen, dessen Bewusstsein durchaus getragen und beherrscht ist von transcendentalen Hintergründen, den wahren Normen auch der Erfahrung.

Um festen Boden zu haben, führte ich zugestandener Massen diese ganze Untersuchung namentlich Anfangs und wieder gegen den Schluss im auswählenden Hinblick auf den engeren Kreis gewisser konkreter, einem Jeden wohlbekannter und vertrauter Fälle von solchen Geschehnissen in der natürlichen Welt, welche durch ihre eigentümliche empirische Aussenseite als „Musterbeispiele" den Menschen förmlich zur kausalen Deutung reizen. Aber um diese in ihrer Berechtigung schon für die sinnenfälligen und besonders günstigen Vorkommnisse darzuthun, musste ich vornehmlich in der Mitte des Gangs hoch und immer höher greifen, bis ich glaubte, ich habe den letzten festen Punkt erreicht, an dem auch hiefür Alles hängt. In Anbetracht dessen könnte sich jetzt ein ziemliches Gefühl der Enttäuschung oder Unbefriedigung regen und der Einwand nahe legen, dass Beides doch eigentlich nicht recht im Verhältnis stehe oder deutlicher gesprochen dass jener hohe Griff (falls er richtig ist) und die lange Bemühung um den obersten Haltpunkt offenbar sehr viel weiter reiche, als ich ihn seither verwertet habe, wenn ich bloss für jene Tages- und Strassenbeispiele sorgte. Statt dessen handle es sich darum, von selbiger Höhe aus den Blick wirklich auch aufs Ganze zu richten und die grosse Tragweite der letzten Obersätze vollständig auszunutzen, statt in einem doch immer etwas zu beschränkten Gesichtskreis hängen zu bleiben.

Nun, genau betrachtet hat meine eigene Darstellung eben diese umfassendere Perspektive mehr als einmal unwillkürlich durchblicken lassen oder da und dort unvermeidlich vorausgenommen. Ich meine aber dennoch, dass es berechtigt ist sich zuerst in der Nähe sicheren Grund zu verschaffen, ehe man den Gang ins Weite und Weiteste unternimmt. Denn jene „Musterbeispiele" dürften diesen Namen nicht bloss für die populäre Veranlassung des Kausalglaubens, sondern zugleich im höheren logischen Sinne verdienen. Mit anderen Worten wird es sich gerade wie bei ihnen auch bei der etwaigen grössten Ausdehnung des Kausalgedankens und Gesetzes immer um ein wohl zu beachtendes doppeltes handeln. Das letzte Recht wird stets in einem so oder anders gefassten Apriori der Vernunft selbst zu suchen sein und nicht aus der Erfahrung etwa wieder psychologisch oder assoziationsmässig oder im alten Zirkel herausdestilliert werden können (so gewiss auf der anderen Seite jede nähere Ausfüllung des Kausalschemas nur ihr zu entnehmen ist und niemalen apriori entschieden werden kann oder darf, was denn nun inhaltlich in einem Kausalverhältnis zu stehen vermöge, etwa nur Gleiches und Gleiches oder wie die alt-modernen axiomatischen Redensarten sonst lauten). Ebenso wichtig aber scheint mir für eine solid lebenswahre und mehr als formelhaft verständliche Behandlung der Kausalfrage auch im denkbar weitesten Umfang das zu sein, dass man stets zugleich nach demjenigen in der gegebenen Wirklichkeit sich umsieht und bekümmert, was ich im engeren Bezirk kurz als die empirischen „Pressionsmittel" oder Reizungen zum Kausalgedanken bezeichnete. Denn sonst ist hier noch mehr als früher die Gefahr gross, dass man über den Kopf der unbefangen zu nehmenden Wirklichkeit hinweg seine sei es aprioristischen oder empiristisch-generalisierenden und falschmonistischen Sprüche thut und ins Blaue hinein diktatorisch gebietet: Hier muss Kausalität sein und so muss sie sein! — unbekümmert darum, ob die Natur des Anwendungsbodens damit einverstanden ist oder nicht. Nicht erst in der Verwertung, sondern schon in der logisch rechtfertigenden Bildung des speziellen wie nicht minder des generellen Kausalgesetzes müssen Denken und Erfahrung sich friedlich und einträchtig die Hand reichen.

Jene mächtige Ausdehnung und Erweiterung unseres bisherigen Kausalgedankens, deren methodische Pflichten wir hiemit kurz angedeutet haben wollen, legt sich nun nicht nur von oben herab gesehen mehr als nahe, sondern ganz dasselbe ergiebt sich in seiner Art auch von unten aus. Es lässt Einen nicht ruhen bei blossen „Inseln der Kausalität" (wie LOTZE einmal treffend von der Teleologie sagt), die als aristokratische Sonderfälle in einem weiten Meer sonstiger Irrationalität und mangelnder kausaler Ordnung liegen würden. Sondern es regt sich schon rein psychologischerweitend die Frage: Wie steht es mit dem Anderen? Sollte es da nicht am Ende gerade so sein, wenn man nur genauer zusieht? Es präsentieren sich neben greifbaren und aufdringlichen kausalen Verknüpfungen auch Einzelereignisse, die keine Ursache, andre, die keine Wirkung zu haben scheinen. Sollte sich nicht bei besserem Nachforschen auch hier der vorerst fehlende Genosse finden lassen? Oder wenn im Anfang sicherlich allein das veränderliche Geschehen seiner Natur nach zur kausalen Auffassung und Deutung reizt, so schreitet allmählig die Reflexion unwillkürlich sogar zum Unveränderlichen weiter, sei das nun ein konstantes Geschehen wie z. B. die Bewegung der Himmelskörper, oder gar ein (scheinbar) ganz Ruhendes und Unveränderliches wie etwa unsere Erde, der feste Boden unseres Daseins und Lebens, die unerschütterliche „ἑστία" des Alls, wie die Alten geocentrisch bei den ersten pythagoreisierenden Ansätzen des späteren „Eppur si muove" entrüstet sagten. Sollte nicht nach sonstiger Analogie auch Derartiges schliesslich als geworden, somit als Ergebnis eines kausalen Prozesses betrachtet und untersucht werden dürfen? So dehnen sich die Ringe dieses Erweiterungsprozesses wie Wasserringe mehr und mehr aus, bis sie zuletzt den Makro- und Mikrokosmus umspannen und die Kausalordnung als Allgesetz der Welt proklamiert wird, dessen diamantenes Netz rundweg sämtliches Sein und Geschehen umspanne. Erst dann sei seiner vollen Tragweite und weltbeherrschenden Bedeutung Genüge gethan und lohne sich namentlich seine Verankerung in den tiefsten Gründen oder seine Anknüpfung an die höchsten Höhen.

Diese hiermit nur ganz summarisch geschilderte Geschichte der expansiven Entstehung des All-Kausalgesetzes gäbe nun einem kritischbesonnenen Denken ernstlichen Anlass zum langen und bedächtigen Nachprüfen. Es würde sich dabei ähnlich wie bei der beschränkteren Frage immer darum handeln, pünktlich zu unterscheiden, was an dieser Erweiterung nur psychologisch und deshalb ziemlich über Stock und Stein und was dagegen wirklich logisch, somit haltbar sei. Wie nötig eine solche Unterscheidung ist, zeigt sich sogleich an der vielfach axiomatisch umlaufenden Formel, die in ihrer Übertreibung das reine Kind des psychologischen Generalisationstriebs heissen muss, dass nämlich Alles seine Ursache habe. Dies ist jedenfalls falsch, da jedes Denken so oder anders, idealistisch oder materialistisch auf ein Letztes stösst, hinter dem nun einmal kein Allerletztes mehr steht, sondern das ohne Hintermänner einfach ist, was und wie es ist, kein „unbedingt Notwendiges", was als contradictio in adjecto soviel hiesse, wie unbedingt bedingt, sondern ein schlechtweg Seiendes, eine Urposition, vor der das weitere Warumfragen (im Sinn der causa essendi) sachlich und nicht etwa bloss wegen der menschlichen Schwäche des Fortmachens Halt machen muss.

Also dürfte jene Formel jedenfalls nur lauten: Alles Geschehen, oder vielmehr noch enger: jede Veränderung hat ihre (äussere oder innere) Ursache. Denn am Ende wird doch erst die Veränderung jenes erforderliche „Pressionsmittel" zur Anwendung des kausalen Denkens als einer das Verschiedene verknüpfenden geistigen Einheitsthat bilden. Insofern fragt es sich immer noch, ob damit auch schon ein wirklich auf sich selbst stehendes Geschehen ganz ausgeschlossen ist, das als Prinzip einer Veränderung oder als schlechthiniger Anfänger einer Reihe von Erscheinungen bezw. Veränderungen anzusehen wäre, ich meine ein Unbedingtes, das als ein wahrhaft Neues synthetisch in den Verlauf einträte und zwar dessen Verkehrsordnung fortan sich tadellos einfügte, selbst aber nicht in dieser Kette beständiger Relativitäten kausal geworden wäre, sondern anders aufzufassen sein würde. Sagt doch das Kausalgesetz strenggenommen nur: Unter gleichen Bedingungen gleiche Folgen! In dieser hypothetischen Wendung liegt noch nicht, dass es kein selbst Unbedingtes gebe, sondern eigentlich bloss, dass auch ein solches, wenn es irgend-wo und wie als Bedingung einträte, in streng geordneter und gesetzmässig fassbarer Weise sich nach vorwärts erweisen und wirken würde. Ebensowenig scheint unser alter Appell an die Konstitution der Vernunftwelt, aus dem so apodiktische Behauptungen schliesslich allein ihr Recht schöpfen könnten, gegen die Möglichkeit von solchen Unbedingtheiten, also von Urgeschehnissen zu entscheiden. Denn auch in ihr giebt es keinen regressus in infinitum, sondern wir stossen zuletzt auf jene in sich ruhenden und aus keinen rückwärtsliegenden Prämissen folgeartig sich ergebenden Urwahrheiten, deren Gegenstück im Realen gewisse Urgeschehnisse, besser vielleicht Urthaten sein könnten: Beides hintermannlose Absoluta und ideal-reale Warum-Grenzen.

Natürlich würden aber in einer rationalgesetzmässigen (deswegen noch nicht notwendig durchweg kausalen und vollends nicht mechanisch-kausalen) Welt derartige Absolutheitspunkte oder schlechthinige unkausirte Anfänger weiteren Geschehens als wirkliche Quellen und nicht immer bloss Kanalstücke nicht etwa regel- und prinziplos unter sonst ganz Gleichartigem sich finden, das seinerseits hin und her kausal wäre oder Vorder- und Hintermänner hätte, sondern es wäre eine qualitativ vernünftige Gebietsabteilung zu fordern. Das Gebiet der hin- und hergiltigen Vollkausalität wäre dann die Welt des Relativen, kurzgesagt die Natur im weitesten Sinn, welcher selbstverständlich auch die ganze Naturseite des Seelenlebens in dieser formellkausalen Hinsicht unbeschadet aller sonstigen materialen Eigenartigkeit zuzurechnen wäre. Sie, die Natur mit der abhängigen Endlichkeit oder contingentia ihrer Gebilde wäre daher, wie instinktiv Jeder fühlt, der wahre Tummelplatz einer allwaltenden ungeschmälerten Kausalität, während in ihr oder besser über ihr wenngleich im strengprofanen Sinn des Worts ein Reich des „Übernatürlichen" oder „Absoluten" statt stets nur Relativen angenommen werden könnte.

Das wäre der sittlich freie Geist als der wahre Sinn und Zweck aller vorangehenden Mittel, der Herr in der strenggesetzlichen Hausordnung des Natürlichen, welches nur seinen Boden, aber nicht zugleich sein eigenes und letztes Wesen selbst bildete. Mitten in der Zeit gewissermassen über der Zeit stehend (wie das ächt Logische in seiner Ewigkeitsnatur, im Unterschied vom bloss Psychologischen) wäre er jener unbedingte Anfänger einer Reihe von Veränderungen, wie KANT die Freiheit gut definirt, und bildete nicht nur so ein Kettenglied zwischen andern bedingenden und bedingten Gliedern vor und nach ihm. Was er wirkte, würde wiegesagt sofort der kausalen Weltverkehrsordnung lückenlos sich einfügen; **jedes Geschehen, auch solche Urgeschehnisse hätten also ihre Wirkung.** Aber dass er wirkte, dies wäre eben das nicht selbst wieder bewirkte Urgeschehnis. Und insofern hätte **nicht jedes Geschehen auch seine Ursache hinter sich.** Nur auf diese Weise wäre es also möglich, einer ächten sittlichen Freiheit, falls Anderes sie gebieterisch forderte, eine Freistatt offen zu lassen, wie dies auf seine Art eben auch KANT in diesem Zusammenhang, aber meines Erachtens allerdings nicht glücklich versucht. Denn darüber möge man sich doch nicht weiter täuschen, auch nicht gestützt auf KANTS gutgemeinten Vorgang mit dem doppelten Charakter, dem empirischen und intelligiblen: Neben der Allgeltung eines hin und her gleich unverbrüchlichen Kausalgesetzes ist jeder Versuch, dem strengsten und unerbittlichsten Determinismus auszuweichen, logisch schlechthin unmöglich. Wer somit diesen nicht annehmen will, weil es ihm um die wahre, nicht bloss wortmässige Freiheit zu thun wäre, hätte wie ich andeutete ohne Gnad und Pardon eben die Kausalprämisse anzufechten, bezw. einzuschränken. Sonst ist sein Unterfangen eitel Wind und ein die Sache stets umgehendes Spiel mit Worten.

Freilich werden diese meine eigenen Bemerkungen, überhaupt alle meine zuletzt vorgetragenen Ideen (nach besserem Anfang) am Ende gleichfalls als eitel Wind in den Augen einer Zeit erscheinen, deren oberstes und Generalaxiom, wiewohl ohne wirklich rechtliche Vernunftbegründung, die unica natura fast noch mehr als bei SPINOZA selbst bildet. Darum muss ihr jedes „imperium in imperio" oder die Hypothese eines „Übernatürlichgeistigen" mitten im Natürlichen als einfacher Ungedanke sich ausnehmen und gar vollends die Andeutung einer etwaigen Halbirung des allgemeinen Kausalgesetzes wie ein crimen laesae majestatis vorkommen. Ich kann das um so gelassener selbst sagen, da ich jenes Verbrechen ja eigentlich noch gar nicht begangen habe, sondern höchstens wegen „Versuchs" angeklagt werden könnte. Denn Alles, was ich zuletzt über das erweiterte oder

All-Kausalgesetz vorbrachte, ist durch und durch nur eine hypothetische Skizze, wie Jeder schon am Ausdruck sehen kann, und nichts, für was ich selbst irgend ohne Weiteres einstehen möchte. Aber vielleicht kann es auch so dazu dienen, den Einen oder Andern aus der garzu zuversichtlichen Gewöhnung der Tagesansichten, wie LOTZE öfters sagt, für einen Augenblick aufzustöbern. Eine schärfere Auffassung dagegen und genauere Behandlung der zuletzt angeregten ebenso dornigen als weittragenden Probleme aus dem Gebiet der generellen Kausalfrage behalte ich mir für ein anderes Mal vor.